日独伊三国同盟

「根拠なき確信」と「無責任」の果てに

大木 毅

角川新書

序に代えて——わたしに似たひとびと

なぜ、優秀なひとびとを抱えながら亡国の戦争に突入したのか？

最初から、私事にわたることを書き連ねるのをお許しいただきたい。

四十年近く前、筆者は、中央公論社から出されていた歴史専門誌『歴史と人物』増刊太平《たいへい》洋《よう》戦争シリーズの編集助手をつとめていた。年二回、八月と十二月に刊行されていた、この増刊が好評であるため、社としても力を入れ、誰か昭和史に興味があって、骨惜しみしない若いものを雇ってよろしいとなり、その決定を受けて、当時の横山恵一《よこやまけいいち》編集長が、筆者をアシスタントに選んでくださったのだ。

今となっては、実に得がたい経験をさせてもらったと思っている。校正やインタビューの原稿起こしなど、編集実務を一通り教わったのもさることながら、当時はまだ健在だった昭和史の生き証人たちに直接お目にかかる機会が得られたのである。おそらく、筆者の世代で（筆者は一九六一年生まれ）、旧陸海軍の将軍提督と話したことがあるというのは、きわめて珍しいはずだ。

フィリピン防衛に当たった第一四方面軍の参謀副長小沼治夫《こぬまはるお》少将、ドイツ駐在海軍武官をつとめた小島秀雄《こじまひでお》少将……。林三郎《はやしさぶろう》大佐や大井篤《おおいあつし》大佐など、戦争中佐官クラスで陸海軍の要職にあった方々にも多数お会いすることができた。

だが、こうして、歴史の当事者たちから、じかに生々しい話をうかがっているうちに、筆者は、抑えがたい疑問がわいてくるのを禁じ得なかった。

この、かつて陸海軍の中枢にいたひとびとは、けっして愚か者などではない。それどころか、老境に入っていながら心身ともに衰えを感じさせない、矍鑠《かくしゃく》とした方がほとんどだった。また、彼ら旧軍人から聞く、すでに物故者となった陸海軍の指導者たちの人物像も、何人かの例外を除けば、有能さを感じさせるものばかりだったのである。

ならば――なぜ、日本は、こんな優秀なひとびとを有していながら、敗北必至の太平洋戦争、亡国の戦争に突入したのだろうか？

青二才だった筆者は、首をかしげるばかりだった。

論理性なき政策決定

その後、筆者は大学院に戻り、本来の専攻であったドイツ現代史の研究に携わることになった。テーマは、ナチス・ドイツの対日政策である。幸い、ドイツ学術交流会の奨学金を得て、ドイツに留学することができ、オリジナルの史料なども閲覧した。リッベントロップ外務大臣やカイテル国防軍最高司令部長官の直筆サインが入った文書を眼にして、ずいぶん興奮したことを覚えている。それなりに、本格的に勉強したつもりであるが、そうして調べていくうちに、一種の違和感が頭をもたげてきた。

ナチス・ドイツ、あるいは他の欧米諸国においても、当事者が卑小な動機で動いたがために、政策決定を混乱におとしいれた例は、いくらでもみられる。しかしながら、和戦の決断とかいった高度の意思決定となると、指導者たちは、たとえ誤った決断であったとしても、論理を明確に打ち出し、責任の所在をあきらかにしているように思われた。

国家が消滅することなど、ヨーロッパの歴史では、いくらでもあることで、そんな深淵《しんえん》が背後にあることを知っているがための論理性であったか。

筆者の違和感とは、そこに起因していたのかもしれない。

ドイツの史料を閲読し、そうした決定の過程を追っているうちに、これは日本の戦争への道を調べていたときにはなかった感覚だと思ったのだ。

結局、誰が太平洋戦争を引き起こしたのか。開戦時の宰相東條英機《とうじょうひでき》か、その前の、優柔不断さゆえに軍部を抑えることができなかったとされる近衛文麿《このえふみまろ》か……。

史書を調べてみるほどに、思考をめぐらせてみるほどに、結論はあいまいになり、迷宮をさまよいだす。

かかる方向喪失感が、ナチス・ドイツの政策決定過程をみていくかぎりにおいては、ほとんどない。それが、筆者に違和感を覚えさせたのだった。

「根拠のない確信」という病理

ドイツ留学を終えて帰国したのち、筆者は、フィクションの世界に転じ、小説家となった。こちらは、表の言動に隠された人間の心理をいかに読み取るか、また、どのように表現するかが重要になる世界である。そうしたことに四苦八苦しているうちに、十年あまりの時が経ち、その間に、いつしか、先に述べた疑問に答えるヒントが得られた。ドイツで覚えた違和感の源を説明するための補助線が引かれたのである。

皇国の存亡、国運の浮沈といったことを、戦前日本の政府や陸海軍の指導者たちは、しばしば口にした。なれど、心の奥底では、大日本帝国が滅びるなどあり得ないと根拠のない自信を抱き、ゆえに、国益よりも自らの属する組織の利益、はなはだしい場合には、おのが功名心を優先したのではないだろうか——。

軽率で単純な断定といわれるかもしれない。あるいは、邪推とそしられるかもしれぬ。けれども、現代の日本人も、根拠のない信仰を抱いていたのではなかったか。

バブルのころには、日本経済の繁栄は永遠に続く、地価は右肩上がりのままだといった、あり得ない言説が、真顔で唱えられていた。それほどの誤謬《ごびゅう》でなくても、親方日の丸意識のもとに税金を浪費する役人は、あとを絶たない。日本の国家財政が破綻《はたん》し、彼らを養えなくなる事態が来ないという保証など、ありはしないのに。

彼ら、自分の足下を掘りくずしながら、将来は安泰と信じてやまぬ官僚たちと、大日本帝国は不滅と信じ、亡国の戦争に突入した戦前日本の指導者たちと、どこに変わりがあるだろう。

そう思い当たったとき、筆者は、日独防共協定から日米開戦までの歴史、ドイツに惑わされ、利害得失を充分に計算することなく、彼らと結び、米英と争うに至るまでの経緯を書こうと思った。

これは、主役のいない物語である。

長期的な見通しも、確固たる戦略もない脇役が、つぎからつぎへと立ち現れ、ただ状況に翻弄《ほんろう》されるなか、利己的に動きまわり、筋を進めていく。彼らの行く先が、舞台中央に、ぽっかりと開いた奈落《ならく》の底であるとも知らずに。

かかる歴史を描くとき、書き手がおちいりやすいのは、後知恵による評価であろう。

すべてが終わったのちに評論をなすものは、歴史上の当事者たちの誰よりも有利な立場にある。その安全地帯から矢を放つことは、しばしば評者自身の品位をそこなうし、はなはだしい場合には、単なる自己満足にしかならぬ。

しかし、すでに述べたような視点に立つかぎり、そうした弊害をまぬがれることができるように、筆者には思われる。

むろん、以下の叙述において、筆者は、あるいは人物Aの軽薄さに怒り、あるいは人物Bの無責任をなじるであろう。されど、彼ら、批判の対象となるひとびとは、実は、歴史の鏡に映った筆者自身であるかもしれない。

国がなくなることはない、会社がつぶれるはずがない、日本人がこわれてしまうわけがない。

そんな、根拠のない確信を抱いているかぎり、批判されている彼らと同じ過ちを犯しかねないだろう。そうならないため、筆者は自戒をこめて、亡国の物語を記そうと思う。

そうした試みに際して、とくにドイツとの関係を中心主題に据えたのは、先に述べたごとく、まがりなりにも専門的に調べた分野だからでもある。また、太平洋戦争への道において重要なファクターである対独政策を軸とすることは、その過程を説明する上で、回り道のようにみえるけれども、実は捷径《しょうけい》であると思われたからだ。

もっとも——かかる視座の問題以上に、本来はむしろ日本に敵対的だったドイツと軍事同盟を結び、ともに敗亡に向かっていく流れのなかに、「わたしに似たひとびと」が多数登場するからということが大きかった。

外国を崇拝し、その国の人間になってしまったかのような言動をなすもの。

国家が崩壊することなどないとたかをくくり、おのが権力の維持だけをはかるもの。

自らの構想の雄大さを誇るばかりで、足下を見ず、他者をまきこんで破滅していくもの。

彼らのようなひとびとは、戦前の日本のみならず、読者諸氏のまわりにもいるのではないだろうか。

とはいえ、本書はごたいそうな警世の書というわけではない。むしろ、非常に複雑で、ともすれば難渋な行論におちいりがちな太平洋戦争突入までの流れを、対独関係の側面からわかりやすく叙述することを目的とした「物語」を試みたいと思う。ゆえに、エピソードなどもふんだんに入れ、面白く読んでいただけるように心がけたつもりである。

読者が、この本を興味深く読み、しかるのちに、少しばかり考えてくださるならば、筆者としては、それ以上の喜びはない。

さて、いささか前置きが長くなった。急ぎ、本題に入るとしよう。

大日本帝国衰亡の物語は、一九三八（昭和十三）年初夏、遠く離れたヨーロッパにおいて、幕を開くのだ……。

目次

東アジア・西太平洋（1937年）
ソ　連
イルクーツク
チタ
外蒙古
ハルビン
満洲国
内蒙古
新京
北平
（北京）
中華民国
黄海
東京
南京
漢口
上海
重慶
東
支
那
海
太平洋
沖縄
インド
香港
台湾
硫黄島
南鳥島
ビルマ
海南島
南支那海
カルカッタ
タイ
マニラ
フィリピン
仏印
サイパン
サイゴン
ミンダナオ島
シンガポール
トラック
マレー
パラオ
ボルネオ
ニューギニア
スマトラ
蘭印
セレベス
ラバウル
ジャワ島
ティモール
ポート・
モレスビー
ソロモン
諸島
ダーウィン
豪州

エストニア
スウェーデン
ラトヴィア
リトアニア
ダンツィヒ
ソ　連
東プロイセン
ミンスク
シュテッティン
ベルリン
ワルシャワ
ブレスト=リトフスク
ツ
ドレスデン
ポーランド
プラハ
クラクフ
ミュンヘン
チェコスロヴァキア
ウィーン
ザルツブルク
ブダペスト
オーストリア
ハンガリー
ルーマニア
ヴェネツィア
ザグレブ
トリエステ
ア
ブカレスト
黒　海
ユーゴスラビア
ブルガリア
イスタンブール
ローマ
ナポリ
アルバニア
タラント
ギリシア
エーゲ海
トルコ
アテネ

ヨーロッパ(1937年)
北海
デンマーク
アイルランド
イギリス
アムステルダム
ハンブルク
ロンドン
ハーグ
オランダ
ベルギー
ドイ
ブリュッセル
大西洋
フランクフルト・アム・マイン
ルクセンブルク
パリ
チューリヒ
フランス
スイス
ジュネーブ
ミラノ
イタ
マルセイユ
ポルトガル
マドリード
リスボン
スペイン
地中海

引用などに関する注記

本文中の引用では、旧字旧かなは新字新かなにあらため、数字表記も統一した。また、適宜句読点を補い、ルビも振った。漢字を開いた箇所もある。外国語史資料についても、やはり用語や表記の統一のため、邦訳があるものでも拙訳を用いた。なお、〔〕内は、筆者の補《ほ》註《ちゅう》である。

登場する人物の役職や階級については、その文脈の時点でのそれを記している。

当時のドイツ人（なかんずくヒトラー）や日本人の認識に則して、「ソ連」とすべきところを「ロシア」と表記しているところもある。

第一章　ヒトラーに「愛された」日本大使

「五月危機《マイクリーゼ》」と日本

大日本帝国の衰亡を語るのに、遠く離れたヨーロッパの、ドイツとチェコスロヴァキアの紛争から説き起こすのは、いかにも迂遠《うえん》にみえるかもしれない。しかしながら、両国のあつれきをきっかけに、ドイツが日本との同盟を策し、それによって日米戦争という破局を運命づけられたことを考えれば、やはり、そこから述べなければならないだろう。

一九三八（昭和十三）年五月下旬、アドルフ・ヒトラーは、かつてない恥辱を嘗《な》めさせられていた。三五年の再軍備宣言、三六年のラインラント非武装地帯への無血進駐、三八年のオーストリア合邦《アンシュルス》と、望むままに拡張政策を進めてきた総統は、ドイツの権力を握って以来、初めての外交上の挫折《ざせつ》を経験させられたのである。しかも、それを強いたのは、中欧の小国チェコスロヴァキアだった。

ことの発端は、チェコスロヴァキアの工業地帯、ズデーテン地方の帰属をめぐる問題である。もともとチェコスロヴァキアは、第一次世界大戦に敗れ、解体されたオーストリア＝ハンガリー帝国から誕生した国家で、スラヴ系のチェコ人とスロヴァキア人が国民の多数派を占めていた。

さりながら、ズデーテン地方にはドイツ系の住民が多数あった。彼ら、「ズデーテン・ドイツ人」と呼ばれるひとびとは民族自決の原則に基づき、同地方がドイツに帰属することを求めたが、第一次大戦の勝者、英仏をはじめとする連合国によって拒否されてしまったのだ。以後、ズデーテン・ドイツ人の不満はくすぶり続け、ついには「ズデーテン・ドイツ人党」なる政党が結成され、親独・親ナチスの傾向を示すに至る。

ヒトラーは、このズデーテン・ドイツ人党を操り、チェコ政府との緊張を高めていき、機を見て軍事力を行使するという方針を採っていた。ヴェルサイユ体制の原則である「民族自決」を逆手に取って、大義名分とするやりようは、一定の説得力を持っており、列強も全面的には否定できない。

事実、こうした手法は、同じくドイツ系住民が大多数だったオーストリア併合にあたっても功を奏しており、ズデーテン地方の獲得においても威力を発するだろうと、ヒトラーは確信していた。かくのごとく、周囲の大国が手出しをできずにいるうちに、ドイツは中東欧の小国を併合ないしは勢力圏下におさめ、再び強国の地位を獲得するのだ。

ところが、一九三八年五月になって、ヒトラーの思惑はくつがえされる。五月二十日から二十一日にかけての夜、ドイツ軍が国境に集結しているとのうわさ（その真偽は今日までも不明である）に反応したチェコ政府は緊急閣議を開き、軍隊の部分動員（一年度分の予備役七万人など、約二十万人の兵の招集）を決定したのだ。同じ夜、国境を突破して、ドイツに向かおうとしたズデーテン・ドイツ人二名が射殺される事件もあって、緊張はいっそう高まった。

いわゆる「五月危機《マイクリーゼ》」である。

とはいえ、対する敵がチェコスロヴァキアだけであったなら、あるいはヒトラーも強硬策に出たかもしれない。しかし、そうはならなかった。事態を憂慮したイギリスとフランスが、ドイツのチェコ侵攻は第二の欧州大戦を意味すると警告したばかりか、東の大国ソ連もチェコ援助の用意があると表明したのだ。戦争の限定・局地化を大前提とするヒトラーとしては、うわさされたドイツ軍の動きを否定し、釈明に努めるほかなかった。

つまりは、独裁者の高い鼻っ柱をへし折られた格好である。だが、アドルフ・ヒトラーとは、屈辱を受けて、引っ込んでいるような人物ではない。「五月危機」の収束後、バイエルン・アルプスを一望できる位置にある南独ベルヒテスガーデンの山荘にこもり、熟慮の数日を過ごしたのち、首都ベルリンに帰還、国防軍首脳部を招集した。その席上で、ズデーテン問題を根本的に解決する、すなわち、軍事力によってチェコスロヴァキアを粉砕するとの指令を下したのである。

だが、「五月危機」の際にあきらかになったように、チェコへの武力行使は、ただちに英仏を相手とする大戦争に発展する危険がある。ナチスの政権掌握以後、いかに軍拡を進めてきたとはいえ、軍備未完成のドイツが列強相手の大戦争に突入しては、万に一つの勝ち目もあるまい。

にもかかわらず——ヒトラーが六月十八日付で出した作戦指令には、いささか奇妙な文言があった。「……ラインラント占領やオーストリアへの進駐の際同様に、フランスが進軍せず、従ってイギリスも介入しないと確信した場合にのみ、私はチェコスロヴァキアに対する行動を決意するであろう」と。

いったい、ヒトラーは何を根拠に、英仏の介入を阻止できる可能性があると踏んだのだろう？

いうまでもなく、彼の脳裏にあったのは、極東の大国日本であった。日本を味方につければ、万一英仏が欧州の紛争に手を出してきた場合に、そのアジアの植民地、仏印やマレーなどが日本人の攻撃にさらされるぞと圧力をかけることができる。英仏とて、アジアの利益を犠牲にしてまで、チェコのごとき小国を援助することはあるまい。

これぞ、ヒトラーの胸中に芽生えた戦略であった。すでに、日本とのあいだには、協同してソ連とコミンテルンに当たることを約した防共協定を締結してある。これを、英仏をも対象とする軍事同盟に拡大し、二大国を日本に牽制《けんせい》させて、ヨーロッパにおけるドイツのフリー・ハンドを確保しようとしたのだ。いささか逆説的な表現を使うなら、「五月危機」の挫折こそ、日独同盟の端緒となったのである。

こうした利己的な動機に基づくヒトラーの策動は、長期的には欧州紛争と日中戦争というユーラシア大陸の両端で別個に展開されていた二つの闘争を結びつけ、第二の世界大戦に発展させることになる。そして、短期的には、「防共協定強化交渉」として知られる日本政治の迷走を引き起こしてゆく。

その際、重要な役割を果たしたのは、「駐独ドイツ大使」とひそかに揶揄《やゆ》されるほど、ドイツに傾斜していた軍人外交官大島浩《おおしまひろし》であった。

ドイツへの傾倒

大島浩は、一八八六(明治十九)年四月十九日、当時陸軍中尉だった父健一《けんいち》と母磯陽《きよう》の長男として名古屋《なごや》に生まれた。一八九〇年よりドイツ留学を命じられた健一の留守のあいだは、母の実家に預けられ、祖父に溺愛《できあい》されて育った。しかし、大島浩のわんぱくな子供時代は、そう長くは続かなかった。

大島家は、岐阜岩村《いわむら》藩の下級武士の家柄で、薩長土肥《さっちょうとひ》の藩閥には属していない。が、秀才の健一は、陸軍士官学校に入学後、頭角を現し、陸軍の法王山県有朋《やまがたありとも》の寵《ちょう》を受けるようになった。合計すれば五年間という異例の長きにわたって、山県の副官をつとめたことは、その証左であろう。ただ、いかに山県のバックアップがあるといっても、藩閥外の人間の出世には限界があった。健一は、一九一六(大正五)年から一八年にかけて陸軍大臣に任じられるまでになったのに、とうとう大将には進級できなかった。健一は、それを生涯の痛恨事とし、息子浩を「大将にさせてくれ」というのが口癖となった。青年期にこうしたせりふを聞かされることが、大島浩の人格形成にいかなる影響を与えたか、想像に難くない。

けれども、浩個人のみならず、日本の運命にまで作用したのは、むしろ父健一の、徹底した親独教育であったろう。周知のごとく、日本陸軍は発足当初、兵制の範をフランスに取っていたが、一八七〇年から七一年の普《ふ》仏戦争において、のちのドイツ帝国の中心となったプロイセン王国が圧倒的な勝利を収めたのをみて、方針を大転換した。ドイツ軍の参謀将校クレメンス・ヴィルヘルム・ヤーコプ・メッケル少佐を陸軍大学校教官に招き、軍制教育のほとんどをドイツ式に一新したのである。その結果、日本の優秀な陸軍士官は、どしどしドイツ留学に送られるようになった。むろん、大島健一も、そうした一人だったのであり、ドイツ帰りの看板がなければ、彼が陸軍内部の階梯《かいてい》を登っていくことは、おそらく不可能だったと思われる。

だが、かような経歴は、父健一にドイツ崇拝とでもいうべき性向を植え付けた。息子浩も、その父のもとで、すさまじいまでのドイツ文化への没入を強いられることになった。一日十個の独単語を覚え、夕食前に父の前で暗誦《あんしょう》してみせるのが日課、忘れれば、思いだすまで食事を摂《と》ることを許されぬ。大島浩の少年時代には、そんな強烈なエピソードがある。

陸軍士官をめざして、幼年学校に入学したのちも、週末に帰宅する際に（陸軍幼年学校は寄宿制）、必ず知人のドイツ人の家庭を訪問し、ドイツ語会話を実践するよう命じられていた。また、夏冬の長期休暇には、ドイツ人の家に預けられるのが常だったという。

かかる教育を受けたのだから、大島浩のドイツ語能力が卓越していたとしても、何の不思議もあるまい。筆者は、戦後大島浩がドイツ人と交わした私信、すなわちネイティヴの秘書などによる手直しが入っていない、彼自身の手になる独文を読む機会を得たことがある。語彙《ごい》がやや古いことを措《お》けば、舌を巻くほどにみごとなドイツ語であった。

さらに、のちに駐在武官、あるいは大使としてドイツにいたころには、兵隊相手に即興で演説をぶつことができたとの逸話も伝えられている。これは、なかなか困難なことだ。というのは、ドイツ語には、「あなた」や「あなたがた」にあたる敬称の Sie と、「君」や「お前」を意味する親称 du がある。下士官や兵士たちに呼びかける場合、この du の複数形、「お前たち」に相当する ihr を使い、動詞の変化なども異なってくる。だが、普通外国人が ihr を用いることなど、めったになく、四苦八苦させられることが多い。従って、ihr を主語においた独文をそくざに組み立てられるのは、よほどのドイツ語使いなのだ。ここからも、大島浩の実力が並々ならぬものであったと推測できるのである。

しかしながら、日本人がある特定の国の言語や文化に深く親しんだとき、対象に一体化し、あたかも自らがその国の人間に化したかのごとくふるまう現象が、しばしば見られる。軍人も例外ではない。宰相となった陸軍大将小磯国昭《こいそくにあき》は、このあたりの事情を嘆き、回想録『葛山鴻爪《かつざんこうそう》』で、「殊《こと》に笑止なのは英国に永《なが》い〔ママ〕人はパリやベルリンを誹謗《ひぼう》し、仏国に永い人は英独を、ドイツに永い人は英仏を良く言わず、駐在国が駐在者の母国でもあるかのような話振りを聞くことが屢々《しばしば》である」と批判している。

大島浩も、その悪弊《あくへい》をまぬがれなかった。それどころか、物心ついたときから父親に叩《たた》き込まれたドイツ熱は、亡国の一因さえもつくってしまうことになるのだ——。

いや、一足飛びに結論に向かうのではなく、その前にもう少し、大島浩の経歴をみていこう。大島は、東京幼年学校から中央幼年学校を経て、一九〇四（明治三十七）年十二月、陸軍士官学校第一八期生となった。同期生には、陸軍大学校長や北支那《しな》方面軍司令官を歴任した岡部直三郎《おかべなおさぶろう》大将や参謀次長になった沢田茂《さわだしげる》中将などがいる。また、一期上の第一七期生に東條英機《とうじょうひでき》がいたことも指摘しておかなくてはなるまい。

彼ら第一八期生は、一九〇五年十一月に卒業し、士官候補生として各地に配属される。大島が選んだ兵科は砲兵で、最初の任地と所属は、横須賀《よこすか》の東京湾要塞《ようさい》砲兵隊であった。任官した大島は順調に進級し、一九一二（大正元）年十二月、将来の陸軍幹部を養成する陸軍大学校に入学する。在学中に第一次世界大戦が勃発《ぼっぱつ》、日英同盟の責務を果たすとの大義名分のもと、日本も対独参戦したため、大島も重砲連隊の一員として、山東《さんとう》半島にあったドイツの植民地青島《チンタオ》の攻略戦に従軍した。凱旋《がいせん》ののち、一九一五年十二月に陸軍大学校を卒業、翌年には大尉に進級する。実戦体験と陸大卒の経歴とを得て、名実ともに陸軍のエリートとなったわけだ。私生活では、一九一七年に、会計検査院長田尻稲次郎《たじりいなじろう》子爵の五女豊子《とよこ》をめとっている。

しかし、彼個人の栄達よりも、はるかに重要なのは、この間、日露戦争から第一次世界大戦のあいだに、大島が日独同盟論を抱懐《ほうかい》するに至ったことだろう。その端緒となったのは、「ビョルケの密約」という史実である。

芽生えた日独同盟論

日露戦争中、奉天《ほうてん》会戦のあとで、ドイツ皇帝ヴィルヘルム二世は、当時ロシア領であったフィンランドの港町ビョルケで露帝ニコライ二世と会談し、ドイツはロシアに兵を向けることはないとの保証を与えた。ゆえに、ロシアは安心して、ヨーロッパ・ロシアの軍隊を極東に差し向けることができた。それがために、日露戦争の最終盤において、日本は満洲《まんしゅう》のロシア軍に決定的な打撃を与えることができず、意に染まぬ不利な条件でポーツマス講和条約を結ばざるを得なくなったのだ……。

これが、大島の主張であった。すなわち、日本陸軍の宿敵であるロシア、さらには、その後継国家であるソ連と対決するにあたり、ドイツをも敵にまわしてはならない。味方となって兵を出してくれるようなことまでは望まぬとしても、ロシア＝ソ連に脅威を与え続け、日本の負担を軽くしてもらうために、ドイツとの友好を保たなければならないのである。

ただし、実のところ、大島の「ビョルケの密約」理解には誤認がある。というのは、この密約（一九〇五年七月二十四日）は日露講和の日から発効するとなっていた上に、両皇帝の約束は国内の異議に遭い（ドイツ側では帝国宰相ベルンハルト・フォン・ビューロー伯、ロシア側では、外相ヴラジーミル・ラムズドルフ伯爵が強硬に反対した）、実際には画餅《がべい》に帰していたのだ。

けれども、問題なのは、大島の史実に関する知識が正確かどうかではなく、それによって、彼がドイツに傾斜していったことであろう。第一次大戦のように、ドイツと敵対していては、ロシア打倒の宿願は夢のままに終わる。だが、ドイツを味方につけるなら、ロシアを滅ぼし、日本を世界的な大国とすることも不可能ではない。事実、後年の大島は、ことあるごとに「ビョルケの密約」を持ち出し、日独同盟の必要を説いたといわれる。

かかる信念は、重砲第二連隊の中隊長や参謀本部勤務ののちに、一九二一（大正十）年に駐独大使館付武官補佐官としてベルリンに勤務するうちに、いっそう強まった。当時、敗戦国ドイツは、天文学的な賠償金の支払いとインフレに呻吟《しんぎん》しており、そこから脱するために、ヴェルサイユ体制の枠外にあったソ連に接近していた。相互に賠償請求を放棄することを定めた一九二二年のラパッロ条約や両国軍部間の秘密軍事協力などは、その表れだった。しかし、大島は、さまざまな情報源から、これは一時のことであり、ドイツの指導者たちの本音は、反共であり、反ソであると判断していたのである。

かくて、大島は、ドイツ崇拝の度合いを高めて帰国した。ドイツ語に、「ドイツ的徹底性《ドイッチェ・グリュントリヒカイト》」という表現がある。ささいなこともなおざりにせず、根本的にやり抜くドイツ人気質を形容する言葉だが、ドイツ語とドイツ文化に熟達した大島は、まさしく「ドイツ的徹底性」を以《もっ》て、ドイツに傾倒したのであった。

ともあれ、エリート・コースに乗った大島の昇進は順調だった。一九三〇（昭和五）年に大佐に進級し、野砲第一〇連隊長。翌三一年には、参謀本部第一部第三課長（攻城・要塞関係の立案に責任を負う）に就任している。だが、時代の波は、大島を国内にとどめてはおかなかった。三一年の満洲事変以降、日本とソ連の緊張は、しだいに高まっている。一方、三三年には、反共を唱えるヒトラーがドイツの政権を握り、その去就《きよしゆう》が注目されはじめていた。ナチス・ドイツは敵か味方か。ソ連と事を構えるにあたり、彼らと提携することはできるのか。

明治以来の親独的伝統を持つ日本陸軍は、ドイツとの同盟に期待をかけ、彼らの動向を探るには絶好の人材として、大島を選んだ。一九三四年三月、大島浩は、駐独大使館付陸軍武官の辞令を受けたのである。新駐独武官にどのようなことが望まれていたかは、参謀本部第二部（情報）欧米課長飯村穣《いいむらじょう》大佐の要求が、よく物語っているといえよう。大島が駐独武官になると聞いた飯村は、独ソ関係、なかんずく日ソ戦が起こった場合のドイツの動向を探るように求め、かつ対ソ情報の入手において協力できないか、ドイツ側に打診するよう依頼した。飯村の願いを受けた大島が、かねて抱いていた日独同盟構想は、陸軍の意思にもかなっているのだと思い込んだとしても無理はあるまい。

ここに、危険な軍人外交が芽吹いた。

実は、日本の外交官たちも、こうした事態を警戒していた。一九三〇年から三三年まで駐独大使をつとめた小幡酉吉《おばたゆうきち》の言を引こう。「それよりも差し迫って問題となるのはナチが政権を把握すると日本軍人がナチのいうことを無条件に信用し漸次《ぜんじ》これに接近してゆく。その結果ナチと日本軍人とが結びつき、ドイツ人のような日本軍人が出てくるのではなかろうか。そうでなくても日本軍人のなかには随分ドイツびいきの者が多いのに、このうえドイツ心酔者が一層多くなってきては、それこそ国家のために大変なことになる」。

小幡の予言は、最悪のかたちで的中した。日本陸軍は、これ以上はない「ドイツ人のような日本軍人」大島浩をベルリンに送り込んだ。以後、大島は、笛の音色に乗せて、町の子供たちをみないずこかに連れ去ってしまったという、伝説の「ハーメルンの笛吹き」よろしく、日本をドイツとの同盟に導いていくのである。

最初は冷淡だったドイツ

一九三四（昭和九）年五月、大島浩は、ナチス・ドイツの都ベルリンに到着した。当時の陸軍武官府は、ベルリン西部のクーアフュルステンダムにあった。通称「クーダム」、「黄金の二〇年代」には文化の中心となっていた地区であり、戦後の東西冷戦の時代には、「西側のショウウインドウ」として繁華をきわめた大通りである。もちろん、大島が赴任したときにも、街の賑《にぎ》わいは欧州の大都にふさわしいものであったが、陸軍武官府が入っていたのは、アパルトマンの四階だった。ワンフロアすべてを独占していたとはいえ、一戸建てでないのが、大島には気に入らず、ノーレンドルフ広場近くの一等地に、敷地約五百平方メートル、三階建ての屋敷を購入させて、こちらを武官公邸とした。おそらくは、ドイツへの接近をもくろむ陸軍中央から、機密費がふんだんに与えられていたものであろう。

むろん、大島も、自らに与えられた役割を理解しており、軍人というよりも外交官のごとくにふるまう。武官公邸に大きなバーを設《しつら》え、ドイツ国防軍やナチス党の幹部を招待、接待

ベルリン地図（1935～45年）

にこれ努め、ときに自らシェーカーを振るうことさえあったといわれる。また、客の酒の好みをよく記憶していて、その出身地のワインを出して、相手を驚喜させるのもしばしばだった。

ベルリンの社交界に通じていたユダヤ人ジャーナリスト、ベラ・フロムは、この時期の大島について、以下のように評している。

「大島浩大佐は口先がうまく、人当たりがよいけれど、とらえどころがない……おそろしく抜け目ないし、頭も良く、多才である。彼は、日本国民のイデオロギーとナチス・ドイツのそれは相似しているのだと、繰り返し強調した」。

とはいえ、大島は、単に愛嬌《あいきょう》を振りまくためにベルリンにやってきたのではなかった。

持論である日独協力の端緒を得る決意を、ひそかに固めていたのである。だが、奔走する大島をみるドイツ外務省や軍部の眼は冷ややかだった。彼ら、新興勢力のナチスとは毛色の異なる、ドイツの伝統的支配層にとっては、日本に肩入れしても何の利益もないことは自明の理だったのだ。

まず、ドイツ外務省は、第一次世界大戦のときに火事場泥棒的に青島の植民地をかすめとった（としか、彼らには思われなかった）日本に対し、積極的な敵意というのは言い過ぎにせよ、潜在的な反感を抱いていた。たとえば、大島がベルリンに赴任してきた当時の外務大臣コンスタンティン・フォン・ノイラートは、一九三四年四月の駐独大使永井《ながい》松三《まつぞう》との会談で、なんとも露骨な言葉を洩《も》らしている。「日本は、一九一四年に、何の理由もないのに、はやばやと、われらが敵の陣営に与《くみ》した。ドイツは、この問題で、日本政府に対し、非常な不快感を抱いている。ドイツは大戦前、日本に対し、あらゆる面で大変な好意を示してきたのに、その好意が不埒《ふらち》な裏切りで返されたことは、われわれの感情を、ひどく害した」と。

感情ばかりではない。冷徹な計算も、日本との関係強化に赤信号を示していた。同じくドイツ外相ノイラートが、駐日大使ヘルベルト・フォン・ディルクセンに宛てた書簡の一節を引こう。「日本は、軍部の拡張政策と、他の諸工業国に対する見境のない貿易競争によって、国際的に孤立している。ドイツがこれ見よがしに日本となんらかの共同歩調を取るならば、ドイツは日本と同列に置かれ、日本への一般的な敵意がドイツにも向けられるような傾向が助長されよう。わが国は、いかなることがあろうと、けっして、そのような危険に身をさらしてはならないのである」。

では、軍部、ドイツ政治に重大な影響力をおよぼしていた国防軍《ヴェーアマハト》（ドイツ軍の正式呼称。一九三五年の再軍備宣言までは「ライヒスヴェーア」Reichswehr とされていたが、それ以降は「ヴェーアマハト」Wehrmacht と改称された。ただし、日本語では慣習的に、いずれも「国防軍」と訳されている）は、どうだったか？　彼らもまた、親日的な政策を採る理由など持ち合わせてはいなかった。周知のごとく、ドイツ国防軍は一九二七年以来、蔣介石《しょうかいせき》の求めに応じて、最盛期には五十名にもおよぶ将校を、軍事顧問団として中国に派遣していたのだ。これらの将校は、表向きは退役将校として、蔣介石政権と私的に契約を結んだことにされていた。さりながら、任務を終えて帰国したあかつきには現役に復帰できることになっていたし、中国勤務のあいだも定期的にベルリンに報告を送っていたのである。この軍事顧問団を通じ、ドイツ国防軍と蔣介石政権のあいだに強い紐帯《ちゅうたい》が結ばれていたことはいうまでもない。

さらに、国防軍の念願であった軍備強化のために、中国はうってつけの貿易相手であった。兵器をはじめとする工業輸出の代価として、再軍備に不可欠の天然資源を得られるのだ。一例をあげるなら、ドイツは、今日流の表現でいうレアメタルの一つであるタングステンの輸入量のおよそ半分を中国に頼っていた。逆に、ドイツの武器輸出総額のうち、五十七・五パーセントが中国に向けられている（一九三五～三六年の数字）。

つまり、大島が日独同盟をもちかけようにも、ドイツ外務省も国防軍も、とりつくしまがないのが実情だった。しかし――大島の訴えに耳を貸す異端者が、ドイツ側にもいないわけではなかった。のちに外務大臣となるヨアヒム・フォン・リッベントロップと、国防軍の情報組織「防諜部《アプヴェーア》」のボス、ヴィルヘルム・フランツ・カナーリス海軍少将である。

二人の異端者

リッベントロップは、ヒトラーの右腕として、ナチス・ドイツの外交を動かした人物であった。ところが、彼は、外交官としては、まったくの素人《しろうと》だった。必要な訓練も受けてはいなかったし、そもそも政治家になる希望などなかったといわれる。そのような人物が、なぜ外務大臣にまで登りつめたのか。

リッベントロップは、一八九三（明治二十六）年、ラインラント地方のヴェーゼルに生まれた。父は、陸軍士官だったが、自身は早くから海外に興味を抱き（英語とフランス語は自在に操れたという）、銀行員見習い、建築労働者、ジャーナリスト、商人と、職業を転々としながら、カナダやアメリカで青年期を過ごした。第一次世界大戦勃発時にはカナダにいたものの、冒険的な経緯を経てドイツに帰国、陸軍に志願して、少尉に任官している。

敗戦後、ベルリンに落ち着き、木綿輸入会社に勤務するようになったリッベントロップは、スパークリングワイン「ゼクト」で有名なヘンケル商会の娘と結婚し（ちなみに現代のドイツにおいてもヘンケルは健在で、同社のゼクトは広く飲まれている）、社交界へ入る糸口を得た。一九二五年に親戚《しんせき》のゲルトルート・フォン・リッベントロップと養子縁組し、貴族の称号（ドイツ語で、「フォン」von は貴族であることを意味する。貴族制度は一九一九年に廃止されていたが、社会的影響力を有していた）を得たことも、そうした活動を容易にした。単なるヨアヒムから、大手を振ってヨアヒム・「フォン」と名乗れるようになったリッベントロップは、当初ヘンケル商会のベルリン代理人、のちには独立して酒類貿易会社の社長として、イギリスをはじめとする諸外国を旅した。かような経験があることが、国粋的で外国にうといものが多いナチス要人たちのなかにあって、リッベントロップを際立たせたといわれる。

さて、こうして社交界に盛名をはせていたリッベントロップが、政治の世界に踏みいる契機をつくったのは、第一次世界大戦の戦友で、早くからナチス党を支持していたヴォルフ・ハインリヒ・フォン・ヘルドルフ伯爵であった。一九三二年八月、伯爵の紹介により、ヒトラーと会ったリッベントロップは、たちまち彼に魅せられ、ナチスの政権掌握を熱烈に支援するようになる。象徴的な例をあげるなら、一九三三年一月の、ヒトラーの首相就任を可能としたナチス党と保守派諸政党の連立交渉は、ベルリンの高級住宅街ダーレムにあるリッベントロップの別邸で行われたのである。

かくも大きな貢献をなしたのだ、しかるべき配当があって当然。

リッベントロップがそう考えたとしても無理はない。が、彼は強欲すぎた。外務次官、すなわち外務省ナンバー・ツゥの地位を斡旋《あっせん》せよとのリッベントロップの要求を、ヒトラー内閣の副首相フランツ・フォン・パーペンは、にべもなく拒絶した。外務省の人事は、ノイラート外相の専権事項、加えて、専門知識と経験を必要とする次官ポストに、訓練を受けていない外部のものが就任するなど問題外であると応じたのである。

プライドを傷つけられたリッベントロップは、政治の世界にのめりこみ、それまで望んでもいなかった外交指導者としての地位を追い求めるようになった。もとより野心家で、辣腕《らつわん》の持ち主、しかもヒトラーの後ろ盾もある。リッベントロップは、ヒトラーの顧問であるとして、奇怪な「私的外交」に熱中する。公的な地位を持たないにもかかわらず、英仏の首脳陣に接触、ヒトラーの意に沿った外交の実現に努めたのだ。ドイツ外務省は、こうしたリッベントロップの動きを、素人の火遊びとみて、苦々しい視線を浴びせていた。けれども、今度は、ヒトラーにも、政権獲得の恩人に報いる用意があった。一九三四年四月、リッベントロップは「軍縮問題全権代表」の地位を与えられ、ついに外交上の責任ある役職を得たのである。

リッベントロップは欣喜雀躍《きんきじやくやく》した。こともあろうに、ベルリンの官庁街ヴィルヘルム通り《シュトラーセ》を挟んで、外務省の向かい側にある建物に事務所を構え、いっそう精力的にドイツ外交への介入を試みたのである。この挿話は、リッベントロップという人物の異常なまでの闘争心の一端を物語っているといえよう。

ちなみに、当時の番地でいうヴィルヘルム通り六四にある、いわゆる「リッベントロップ事務所」が入っていた建物は戦後も残っており、筆者自身もその前にたたずみ、感慨にふけったことがある。リッベントロップのライバルたる外務省のビルは消え去ってしまったが、彼が野望をたくましゅうした場所のほうは往時のまま、なんと皮肉なことかと……（もっとも、その後、ヴィルヘルム通り六四の建物も改築されてしまったようだが）。

余談は措き、本題に戻ろう。念願の公的職務をつかんだリッベントロップであったものの、外務次官、さらには外務大臣への道は前途遼遠《りょうえん》だった。「軍縮問題全権代表」職は、一応外務大臣に直属するものだったけれど、リッベントロップは外務官僚への敵対心を剥き出《むだ》しにして、私的スタッフとともに独自の行動を取ることが多かった。しかし、彼の奮闘は逆効果となり、ノイラート外務大臣は「軍縮問題全権代表」に対する不信を強める一方だった。ゆえに、一九三五年にヒトラーがリッベントロップを外務次官に据えたいと、緊急の要望を出したときも、外相は徹頭徹尾拒否、もしも、その人事を強行するなら、自分は辞職するとまで言明したのである。

とどのつまり、リッベントロップは、ヒトラーの信任を得ていても、なんらかの実績をみせないことには、これ以上の出世は望めないことを思い知らされたのであった。

どこかで手柄を立てなくてはならない。それも、ドイツ外務省がくちばしを挟んでこないところで。

リッベントロップは、そうした分野を探し求め——対日政策に答えの一つを見いだすことになる。

だが、つぎなる経緯に触れる前に、日独接近のもう一つの推進力となった人物、カナーリス提督のことを述べておかねばなるまい。彼については、一九四四（昭和十九）年七月二十日のヒトラー暗殺未遂事件への関与ばかりが強調されるきらいがあるため（カナーリスは逮捕され、一九四五年四月にフロッセンビュルク強制収容所で死刑に処せられた）、あるいは民主的な思想を持った軍人であると誤解されている向きもあるかもしれない。

けれども、この一八八七年生まれで、第一次世界大戦中にスペインで諜報《ちょうほう》任務に就いたこともある海軍軍人の本質は、反共産主義であった。一九一八年の軍港キールにおける水兵反乱に直面したカナーリスは、ドイツを崩壊にみちびいたものとして、共産主義者を憎悪し、ソ連を敵対視するに至った。ゆえにカナーリス提督は、一九三五年に国防省防諜部長に就任するや、ソ連と、同国に指導されているとみなされていた共産主義国際組織コミンテルンに対抗することに、ドイツの情報活動の主眼を置くことになる。

その際、カナーリスが狙ったのは、ハンガリー、エストニア、フィンランドなど、ソ連に接する諸国の軍部と協力し、対ソ諜報包囲網を形成することであった。かかる鉄鎖の一つとして重要になるのは、いうまでもなく極東の反共国日本だ。軍人であると同時に政治的人間であるカナーリスは、敵の敵は味方という古い原則を忘れてはおらず、ロシア＝ソ連の宿敵である大日本帝国に注目し、接近を企図するのである。

興味深いことに、日本陸軍もまた、こうした対ソ諜報包囲網構想を進めていた。日本の対ソ諜報戦の中心である参謀本部ロシア課に長く勤務した林三郎《はやしさぶろう》大佐に、筆者が直接聞いたことだが、当時ソ連国内では防諜措置が厳格で、情報収集はきわめて困難だったために、ソ連に隣接する諸国の情報部と協力し、諜報面でソ連を包囲しようと試みたというのだ。つまり、諜報戦に限定するならば、日独軍部のあいだには協力の素地があったといえよう。

加えて、反共主義以外にも、日本を重視する理由があった。実は、カナーリスは少佐だったころ、一九二四（大正十三）年に訪日したことがあり、日本の潜水艦建造のありさまを実見、その技術力と日本海軍の優秀さに大きな感銘を受けていたのである。そればかりか、カナーリスは海軍中央に提出した報告書で、さらに一歩踏み込んでいた。日本海軍が強化されれば、英仏は外交の重点を極東に移さざるを得ない。よって、背後を安全にするために、ヨーロッパ問題の解決においてドイツの希望に応じるようになるだろうから、日本海軍を支援すべきであるとまで提言していたのだ。すなわち、親日政策は、カナーリスの積年の課題であったといっても過言ではなかった。

ともあれ、彼ら二人の異端者を得て、日独接近劇の開幕が可能となる。役者が揃ったのである。

「ビョルケの密約」の再来を恐れ、同盟国ドイツの獲得を求める大島浩。

ドイツ外務省やナチス党内部の政敵を出し抜き、対日政策で手柄を立てることを望むリッベントロップ。

日本を組み込んだ、対ソ諜報包囲網形成を図るカナーリス。

もっとも、比喩《ひゆ》を用いるなら、強力な鉄片である彼らを結びつけるには、やはり強力な磁石が必要である。歴史は、その「磁石」として、陰翳《いんえい》の多い人物を用意していた。

武器商人ハック

日独伊三国軍事同盟へ向かう道程の第一歩となる日独防共協定の助産師役を果たしたのは、

武器商人フリードリヒ・ハック博士である。彼は、一八八七（明治二十）年十月七日に南西ドイツの古都フライブルクに生まれた。父は医学教授、母は詩人であった。一九一〇年に、国家学の学位を得たハックは、鉄道院総裁後藤新平《ごとうしんぺい》がドイツから招聘《しょうへい》した顧問オットー・ヴィートフェルトの秘書として初来日している。ここから、ハックと日本の因縁がはじまるのだ。

休暇で青島にいたハックは第一次世界大戦開戦とともに文官として従軍し、そこで捕虜になった。戦争中は、福岡、ついで習志野《ならしの》の収容所で捕虜生活を送り、一九二〇（大正九）年に帰独している。帰国したハックは、退役陸軍少佐アルベルト・シンツィンガーとともに「シンツィンガー・ハック商会」を設立、日本人脈を生かした貿易に従事する。

得意とした分野は兵器で、とりわけ日本海軍に対するドイツの潜水艦や航空機の技術供給の仲介に活躍した。たとえば、一九二五年に日本海軍は、航空機の専門家エルンスト・ハインケル博士を招き、戦艦「長門《ながと》」艦上からのカタパルトによる航空機発進実験を行っている。が、実はハインケル社の対日代表はハックだったのであり、「長門」の実験にも一枚噛《か》んでいるものと推測される。

ハック博士は、こうした活動を続けるうちに、日独海軍のあいだの情報ブローカー的存在となり、やがて政治的活動にも手を染めた。かかる経歴を持つハックが、海軍少将カナーリスや、社交界の花形であり、ヒトラーの「外交顧問」であるリッベントロップ、日本の駐在武官である大島浩の知己を得、三者の結節点となって、交渉の裏面で暗躍するのも理の当然であった。

一九三五年十一月、ハックは、ロンドンに旅立った。このころ、すでにリッベントロップは、ドイツ外務省が冷淡な態度を取っている日本を味方に獲得することで政治的得点をあげようともくろんでいたとみえ、博士に特命を与えていた。それは、ロンドン軍縮予備会議代表として訪欧する山本五十六《やまもといそろく》中将をベルリンに招致し、ヒトラーとの会見を実現させることであった。しかも、その際は、ハックは、日独ポーランドの三国でソ連に対する同盟を結ぶことに賛成する空気が日本にあるかどうか、慎重に打診するよう指示されていたのである。

もしも実現していれば、世紀の独裁者と後年の連合艦隊司令長官の歴史的会談となったことであろう。が、結局のところ、山本・ヒトラー会談は流れた。英仏伊が対独連合形成に向かうような当時の情勢下、松平恒雄《まつだいらつねお》駐英大使と武者小路公共《むしゃこうじきんとも》駐独大使が妨害に走ったのだと、のちにハックは観測している。

こうして、政治的活動の初手でつまずいたハック博士ではあったけれど、程なくして、大きな役柄にめぐりあうことになった。日独防共協定の仲介役だ。

防共協定を持ちかけたのはドイツなのか、それとも日本から言い出したのかは、戦後も長らく不明のままであった。外務省ではなく、日本陸軍が主導した秘密外交であったため、その実態は隠されたままだったし、終戦の際に関連書類なども破棄されたからである。そればかりか、当事者の大島も、極東国際軍事法廷、いわゆる東京裁判の供述書では、リッベントロップより打診されたと主張したかと思えば、占領終了後の歴史家によるヒアリングに対し、自分から提案したと逆の証言をするありさまだったのだ。

　しかし、現在では、日独防共協定の起源は、かなり詳細にわかっている。というのは、ハックは関連文書や自らの覚書をまとめて、手元に置いていた。それらが、ハックの甥《おい》のもとに保管されていたのを、西南ドイツにあるフライブルク大学のベルント・マルティン教授が発掘し、学界の利用に供したからだ。わが国でも、田嶋信雄《たじまのぶお》成城大学教授が、この文書を分析し、優れた研究を著している。これら先達の文献により、大島浩がハックを通じて、リッベントロップやカナーリスと協働するようになるまでの経緯を素描してみよう。

　一九三五（昭和十）年九月十七日、日本に対するグライダー供給に関して、ハックと会談していた大島は、日独協定を結ぶ可能性はないかと博士に問いかけた。その際、大島は、日独両国の外務省を通じての交渉は望ましくないとし、リッベントロップに打診するよう、ハックに要請した。

　一日置いた十九日に、再びハックと会見したときにも、大島は、「総統とリッベントロップ氏が、この交渉においてより明確な解決策を与えてくれるだろう」と念を押している。大島は、あきらかに自覚的に、リッベントロップを経由し、日本陸軍とヒトラーのあいだで、武者小路日本大使やドイツ外務省抜きの交渉を行うことをもくろんでいたのである。典型的な二元外交、大島の独走であった。

だが、大島が、どのようにしてリッベントロップに注目するに至ったかは、必ずしも判然としない。戦後の回想によれば、大島は、一九三五年春にリッベントロップと同席する機会があり、彼の強い反共主義を知ったとしている。また、大島の伝記を書いたジャーナリスト鈴木健二《すずきけんじ》に対しては、あるバーで酒を飲んでいると、じろじろと値踏みしてくる、佐官の軍服を着た男がおり、これがリッベントロップだったと話しているようである。もっとも、リッベントロップの軍隊での最終階級は少尉であるから、大島の談話とは齟齬《そご》が生じるが——。

いずれにせよ、大島は、ベルリン赴任以来の涙ぐましい努力によって得た、さまざまな情報により、リッベントロップが総統の信任を得ていながら、ドイツ外務省と対立していることを察知していた。そこで大島は、ドイツ外務省の日本に冷淡な分子を迂回して、リッベントロップと同盟交渉を進めることを狙った。そんな推測をなしたとしても、あながち的外れではあるまい。また、仲介人として、ハックを選んだのも、適切な判断だった。

彼は、山本五十六訪独の一件からもわかる通り、リッベントロップと密接な関係があったし、一九二四年のカナーリス訪日以来、このドイツのスパイ・マスターとも親交を深めていたからだ。つまり、大島は、ハックを通して、ドイツ外務省と国防軍の主流派に知られぬまま、同盟推進のために二人の異端者を獲得したことになるのである。

「国際的にいかに受け取られるのか、私にもはっきりしない」

九月二十日、大島はハックと会談し、早くも日独同盟案の骨子を提案した。第一の案は、一方の国がソ連と戦争になった場合、他方はソ連と協定を結ばないことを定めた「保証協定」。第二案は、日独のいずれかがソ連と戦争になった場合、他方の当事国が自動参戦義務を負うことを約する「かつての日英同盟に類似する協定」。最後は「一種の攻守同盟」、すなわち、いずれかの国がソ連を攻撃した場合においても、他方の国に参戦を義務づける同盟という案だ。

交渉の初期段階で、のちの日独伊三国軍事同盟（こちらは、参加国の一国が攻撃された場合の参戦義務は定めていても、自ら攻撃した場合の取り決めまではしていない）をはるかに超える内容の選択肢まで提示している大島の積極性には、なんとも驚かされるばかりである。

ともあれ、大島の提案を受けたハックは、翌二十一日にカナーリスと面会する機会があったのを利用して、日独協定案を後者に示した。対ソ諜報包囲網形成を構想していたカナーリスにとって、大島の申し出は渡りに舟であった。カナーリスは、九月二十五日にハックを連れて、国防大臣ヴェルナー・フォン・ブロンベルク上級大将（ドイツ国防軍では、大将と元帥のあいだに「上級大将」という階級がある）を訪れ、大島案について協議する。意外なことに、ブロンベルクは「非常に大きな関心」を示し、ハックに対して、「可及的速やかにリッベントロップと話し合うよう」求めた。親中派の国防軍のトップとは思えぬ反応だ。

が、ブロンベルクの好意は、その場かぎりのことだった。この日の会見で、一介のブローカーにすぎないハックに、極東情勢に関する説明を求めたというエピソードからも推察できるごとく、ブロンベルクは、日本との同盟は、国防軍の原則である親中政策に矛盾することに気づいていなかったのである。

しかし、彼の下で、具体的な政策立案にあたる中堅層は、日本との友好など望んではいなかった。たとえば、ブロンベルク・カナーリス・ハックの三者会談の直後に、ハックと面談した国防省軍務局長ヴァルター・フォン・ライヒェナウ少将は「日本人はどのぐらい信用できるのかね？」と、反感を剝き出しにしたと伝えられている。

以後、国防省内部の突き上げを受けたブロンベルクは態度をひるがえし、日独同盟に対し、すこぶる消極的になっていく。十一月七日、カナーリスならびにハックと会談したブロンベルクは、軍事協定、参戦義務をともなう同盟にはしないと明言したのである。

けれども、九月二十五日の三者会談の結果について、ブロンベルクは同盟案に非常に関心を抱いているとの報告を受けた大島は、ドイツ軍も乗り気であると信じ、協定草案の準備に取りかかる一方、東京の参謀本部に訓令を乞《こ》うた。十月十八日、参謀本部は、協定の基本的な考えに賛成、参謀本部欧米課ドイツ班長若松只一《わかまつただかず》中佐を十一月下旬にドイツに派遣すると応じてくる。日独防共協定をめぐる交渉は、正式にスタートした。

ハックを通じて、カナーリスと大島のやりとりを知っていたリッベントロップも、若松訪独の報を聞いて、いよいよ自分の出番が来たと判断し、十一月十五日、私邸に大島、カナーリス、ハック、ヘルマン・フォン・ラウマー（リッベントロップ事務所事務局長）を招いた。

この席上で手応《てごた》えを得たリッベントロップは、同月二十七日にヒトラーと会談し、表向きは反コミンテルンを標榜《ひょうぼう》し、秘密の付属協定としてソ連に対する軍事上の協同義務を加盟国に課する協定を結ぶことについて、総統の「確固たる決断」を得た。ついで、十二月十一日には、十一月三十日に作成してあった反コミンテルン協定と付属協定の草案に、日独両軍部間の協力を約する「付属軍事協定」案を追加し、日独同盟の構想を固めている。大島の望み通りの展開であったはずだが、あにはからんや、彼の思惑をだいなしにするような動きも同時に進行していた。

まず、東京の大使館に勤務していたドイツ陸軍の駐在武官オイゲン・オット大佐が、日本陸軍参謀本部より、「リッベントロップとカナーリスにより始められた交渉」についての情報を得て、十一月五日にベルリンのドイツ陸軍参謀本部宛てに報告したのである。このあたりの、日本陸軍とオットの親密な関係については、当時参謀本部第二部（情報）に勤務する中佐だった馬奈木《まなき》敬信《たかのぶ》が、生き生きとした回想を遺《のこ》している。「当時、参謀本部は三宅坂《みやけざか》にあってドイツ大使館とは裏門と裏門がむかい合っていた。わたしは若いころ武官補佐官でドイツにいたこともあり、なにかとドイツとは関係がある。そして役所がこんなふうに庭続きみたいなもんで、なにかあると『おい、オット、いま行くぞ』ってな調子で……」。オットが、どのようにして日独交渉のことを耳にしたかを、ほうふつとさせる述懐ではある。

なお、オットが本国宛ての報告電の暗号文を組むに際し、手助けを乞うたのは、ナチス党員で、ドイツの新聞『フランクフルター・ツァイトゥング』紙の常連寄稿者であるジャーナリストにして、親密なる友人——実はソ連のスパイのリヒャルト・ゾルゲであった。このことは、のちに防共協定の交渉に、長い停滞をもたらすことになるのだけれど、それはひとまず措き、先に進もう。

オットの報告によって、異端者カナーリスが対日接近をくわだてていることを知った国防軍中央は、折からドイツ製兵器と中国の原料をバーターで取引する計画が進んでいたこともあって、強い反発を示した。

ドイツ側の一次史料では確認できないが、日本側に伝わっている話では、陸軍参謀総長ルートヴィヒ・ベック大将は、カナーリスを呼びつけ、リッベントロップと外国武官との防共に関する協定問題などかかわってはならんと叱りつけたという。また、漏洩源《ろうえい》はあきらかではないものの、交渉にかかわったドイツ側から、大島浩との交渉の内容がドイツ政府内部に伝わり、激しい反発を引き起こした。これらの敵対的な反応に、リッベントロップも弱りはて、あるハックとの会談で、「さまざまな部局、とりわけ外務省からの抵抗」について嘆いている。

もともと、リッベントロップには、東アジアについての知識や極東政策かくあるべしといった信念があったわけではない。ドイツの外交官で、のちに東京の大使館に勤務することになるエーリヒ・コルトの回想録には、驚くべきエピソードが紹介されている。対日接近を唱えるリッベントロップに対し、コルトは、シモノセキの例もありますからと諫《いさ》めた。いうまでもなく、日清《しん》戦争終結時ドイツが音頭を取って実行した三国干渉により、日本が下関《しものせき》の日清講和会議において不利を被ったという史実を例に、日独間には微妙な対立感情があることを示唆したのであろう。ところが、リッベントロップの答えは振るっていた。「シモノセキ？　誰かね、それは」（傍点は筆者による）と、反問したのである。

この程度の認識の持ち主であるから、国防軍・外務省の親中政策の進展に動揺しても無理はあるまい。十一月なかば、リッベントロップは、ソ連を対象とする日独協定に中国を参加させる可能性について、大島に打診する始末であった。ゆえに、大島も強気一点張りでいくわけにはいかなくなった。十二月五日にリッベントロップの屋敷で会食した大島は、前途に関して憂慮を示し、反コミンテルンを定める一般協定が結べなかったとしても、せめて軍事協定だけは締結することを希望すると述べている。続く発言は、大島浩という男が、いかなる人物であるかを、赤裸々に物語っているといえよう。

「私は、公開すべき協定へのさまざまな抵抗を恐れる。その協定が国際的にいかに受け取られるのか、私にもはっきりしない」。

自ら推進している日独防共協定が、世界にどんな波紋を起こすのか、わからない。あまりにも無責任なせりふだったが、ある意味、正直でもあった。この時点での大島は、日本が滅びることなどあり得ないと確信し——というより、そんな可能性は意識の外、夢想だにしていなかったのであろう。

加えて、大島の日独同盟策には、個人的な野心がひそんでいたことも否定できまい。ハック文書のなかには、大島が「調印がドイツ滞在中に実現することに非常に大きな価値」を置いていたという一節がある。一九三六（昭和十一）年五月に一時帰国を予定していた大島は、それまでに手柄を立てることを望んでいたのだ。

かかる軍人外交官に導かれ、日本はドイツとの運命的な同盟へ、第一歩を踏み出そうとしていたのだった。

防共協定交渉の再燃

しかしながら、ドイツ側の日独協定に関する熱意は冷めていた。先に記したごとく、国防軍や外務省が、彼らのあずかり知らぬところで進められていた交渉を骨抜きにすべく、反撃に出たからである。

十二月九日、外務大臣ノイラートはヒトラーと面会した際、リッベントロップへの敵意を剝き出しにして、その対日接近政策を批判し、日本はドイツに何物も与えることはできないと断じた。「確固たる決断」を下したはずのヒトラーも、外相の説得に揺らぎ、リッベントロップと大島の交渉は反共というイデオロギー的側面に限定し、軍事がからむ問題については、自分とノイラートで定めると変心したものと思われる。

さらに、日独交渉を停滞させる、決定的な一撃があった。十二月二十七日、ソ連のタス通信が、ベルリン駐在日本陸軍武官とリッベントロップおよびドイツ国防省の代表とのあいだで行われていた軍事協定交渉が調印に近づいているとすっぱ抜いたのである。しかも、秘密軍事協定と同時に、反コミンテルン活動における協力を約した協定も結ばれ、公表される予定だが、それは軍事協定から目をそらすことを狙った工作とまで論じていたのだった。

この正確きわまりない報道と分析は、すでに触れたゾルゲならびにオランダで活動していた諜報員ウォルター・クリヴィツキーを情報源としていたといわれる。大島浩、リッベントロップ、カナーリスの三者は、諜報戦で大敗を喫したのであった。このダメージは大きく、防共協定交渉は一時停止のやむなきに至る。

ただし、それも表面だけのことだった。日独防共協定をめぐる動きは、水面下で激流になろうとしていた。日本陸軍とリッベントロップならびに国防省防諜部という変則的なかたちで進められていた交渉は、今や日本海軍や外務省の知るところとなっていたからである。

海軍については、一九三五（昭和十）年末、原節子《はらせつこ》がヒロインを演じる日独合作映画『新しき土』のプロデュースという名目で訪日することになったハックが（真の目的は、日独協定に向けての情報収集と日本の要人筋に対する根回しであったと推測される）、駐独海軍武官府に挨拶《あいさつ》に訪れた際、横井忠雄《よこいただお》中佐が、日独交渉が進んでいることを聞き出している。横井は、ただちに東京の海軍次官および軍令部総長に打電、日本海軍は、陸軍がドイツとの同盟を策していることを、ようやく知ったのである。

外務省の耳も、いつまでも閉ざされたままではなかった。一九三六年一月二十日ごろ、たまたま賜暇《しか》を得て、帰国していた武者小路駐独大使の代理をつとめていた井上庚二郎《いのうえこうじろう》参事官が、ドイツの新聞記者ならびにナチス党の高官から、大島武官が日独提携について話を進めているとの情報を得たのだ。

どういうことかと井上に問い詰められた大島は、渋々日独同盟の草案を示した上、これは国防関係のことで、従ってまだ政府レベルに上げる話ではないと強弁した。むろん、井上は、こうした議論に与することなく、草案の全文を暗号に組んだ上で、帰国の途上ベルリンに立ち寄った外務省の人間に託し、本省に送った。おそらく二月はじめには、東京に着いていたはずだというのが、井上の戦後の回想である。

これを受けて、二月六日、外務省欧亜局長東郷茂徳《とうごうしげのり》の執務室に、海軍省軍務局長豊田副武《とよだそえむ》中将、海軍軍令部第三部長高須四郎《たかすしろう》少将、陸軍省軍務局長今井清《いまいきよし》中将、参謀本部第二部長岡村寧次《おかむらやすじ》少将が集まった。そして、午後三時に海軍側の豊田と高須が退席するや「東郷に対し、懸案の日独○○《ママ》問題を提議懇談」したと岡村の日記にある。ついに、陸軍は、外交の責任を負う外務省に対し、秘密裡《り》に進められてきた日独交渉について、打ち明けざるを得なくなったのだ。

しかし、その後の外務省の反応は、意外なものであった。ドイツ大使をはじめとする外務省の出先機関が出し抜かれたにもかかわらず、軍事同盟まではゆかぬにせよ、防共目的の日独提携は好都合ではないかという意見が台頭してきたのである。その筆頭は、二・二六事件で岡田《おかだ》（啓介《けいすけ》）内閣が倒れたのち、後を襲った広田弘毅《ひろたこうき》の内閣に外務大臣として入った有田《ありた》八郎《はちろう》だった。

有田は、戦後には、むしろ三島由紀夫《みしまゆきお》の小説『宴《うたげ》のあと』やそれをめぐるプライバシー裁判で有名になった観があるが、この当時はもちろん現役第一線の外交官である。その有田の親独路線への揺らぎは（こう表現するのは、のちの「防共協定強化交渉」においては、彼は日独同盟に猛反対するからだ）、一九三六年二月、ベルギー駐在大使だった彼が一時帰国する途中、かねて関心のあったソ連問題研究のため、ドイツやポーランドを旅したときにはじまる。

ベルリンで、大島の議論を聞いた有田は、極東におけるソ連の兵力増強や満洲事変以後の日本の孤立に鑑《かんが》み、国民に安心感を与えるためにも、対ソ利害が類似するドイツと「なんらかの政治的接近を図るような話」をするのも可と考えたのだ。

有田の回想によれば、外務省出身の総理である広田もまた、若いころに、中国を敵にするのは四億の民（当時の人口）を相手にすることで、よくよく気をつけなければならないが、ソ連を敵にすることは必ずしも大きな影響を持たない、英米の同情なども得られるだろうから、対外的に何かやらねばならないのなら、ソ連を対象にするのがいいと話していたという。こういう総理であるから、有田が対独接近に動いたとしても、それを掣肘《せいちゅう》したりはしなかった。

ただし、有田の日独提携論は、大島のごとく一足飛びに軍事同盟をめざすものではなく、まず慎重に距離を縮めることを企図していたことには注意しなければなるまい。有田自身の表現、いわゆる「薄墨論」を引用しよう。

「日本がある国との間に政治的話し合いをする時に、はじめから濃い墨で黒々と書いて、あとでそれを消そうとしても消せないようじゃいけない。薄墨で書いて、必要に応じてあとで筆でなぞって濃くする分にはちっとも差し支えない。だからはじめからすぐ濃い墨で書いちゃいけないということで、ドイツとの関係も、まず薄墨で書くことということです」。

結果はともかく、一般論としては、なかなか含蓄に富んだ外交論である。とくに、現在でも、いきなり「濃い墨で黒々と」、ある国との関係を描きたがる論者がいることを考えれば、一つの見識であるといえよう。

事実、有田の薄墨外交論は、ドイツ側の事情と相俟《あいま》って、日独防共協定の性格を規定していくことになる。

ドイツ外務省の脱落

一方、ドイツ側でも情勢は変化していた。暴走ともいうべき、国防軍の中国への急激な接近が、リッベントロップ・カナーリス流の親日路線に対する共同戦線のパートナーだったドイツ外務省を困惑させていたのだ。

一九三六（昭和十一）年四月八日、ライヒスバンク（ドイツ国立銀行）総裁兼経済大臣ヒャルマール・シャハトと中国国民党政権訪独代表団のあいだで、一億ライヒスマルクの借款を主たる内容とした協定が調印される。ドイツ国防軍は、この協定を基盤として、親中政策を優先し、日独提携案を放棄するよう主張した。

具体的には、国防軍親中派の中心人物であるライヒェナウ（前年十月に国防省軍務局長から、第七軍管区司令官に転出していたが、独中交渉に継続してかかわっていた）を中国に派遣し、関係強化をはかる。その一方で、陸海空三軍ならびに経済的戦争準備を担当する国防経済幕僚部に、「極東における権力要因としての日本」なる報告書を作成させた。

その意図するところは、日本の戦争遂行能力の脆弱《ぜいじゃく》さを政府、とりわけ外務省に納得させることにあったと思われる。事実できあがってきた報告は、たとえば海軍の、英米両国が共同で行動し、長期戦になった場合、日本は海上交通をほぼ完全に遮断され、敗北に追い込まれるであろうという結論に象徴されるように、日本は同盟相手として問題外であるとの印象を与えるものばかりであった。

なかでも、陸軍参謀本部第三課（情報）の報告は、「日ソ戦争が勃発しても、ヨーロッパにおけるソ連の権力政治上の立場に、決定的な影響を及ぼすことは、まったく考えられない。

むしろ、日ソ戦争により、ヨーロッパにおける日本の同盟国は、英米との重大な紛争に巻き込まれるであろう」と断じており、国防軍の意図をうかがわせている。彼らは、台頭しつつあるイデオロギー面での提携、「防共」協力だけは認めても、ドイツに不利となる軍事協定だけは、断固阻止する意志を固めていたのだ。

かかる国防軍の強硬な姿勢と、防共協定締結に乗り気になった日本政府とのあいだで板挟みとなり、ドイツ外務省は著しい困難に直面した。

六月九日、任地のベルリンに戻った駐独大使武者小路公共はヒトラーと会見、「日本はドイツおよびドイツ総統に対し、精神的に類似した国家として、非常に大きな共感を抱いており、ドイツとの濃密な協力を望む」と言明、ヒトラーも「私は以前より共産主義に対する仮《か》借《しゃく》なき闘争にこそ、唯一ヨーロッパの救いがあるとみなしている」と応じていたのである。

しかも、病気を名目に一時帰国していた駐日ドイツ大使ディルクセンより、独中協定の情報を得ていた武者小路は、まず部下の井上庚二郎に詳細を問い合わせるよう差配《さはい》したのち、六月十九日に自らノイラート外相と会見し、ドイツ外務省の見解を示すよう求めた。これに対し、ノイラートは、その件については知らされていないと逃げた。

その答え自体は嘘ではない。約一か月後の七月十六日、独中協定の実務にあたるドイツの会社ＨＡＰＲＯの幹部プリンツ・ロイスがヴィルヘルム通りの外務省を訪れ、事業内容を説明するまで、外相以下、国防軍の中国における計画の実態を知らされていなかったのである。

だが、ロイスの語ったことは、ドイツ外務省の首脳陣を驚倒させるに充分なものであった。ドイツ参謀将校から成る新たな軍事顧問団本部と、経済問題担当の経済・技術顧問団を設立し、蔣介石政権の諮問機関とする。さらに、六個師団から成る十万人規模の軍隊を建設し、のちに三十万人規模に拡大、各師団の駐屯《ちゅうとん》地には軍事産業を育成し、装備を供給する態勢を整える。四千万ライヒスマルクの緊急給与により、揚子江《ようすこう》河口などの沿岸防衛を固める。さしあたり四隻の高速魚雷艇を渡し、ついで八隻を建造の予定。最終的には、およそ五十隻の魚雷艇、沿岸防衛用十五センチ砲、機雷封鎖設備を供給。将来的には、複数の小型潜水艦も引き渡す……。

つまり、国防軍の親中政策はあきらかに軍事的なものであった上に、想定されている敵国は日本にほかならなかったのである。

こうした極東政策の根幹を揺るがしかねない国防軍の暴走を認識したドイツ外務省に、武者小路駐独大使は、激しい抗議をぶつけた。ロイスの説明があった日の翌日、七月十七日に、再び外務省を訪問した武者小路は、独中協定は顕著な政治的性格を有しており、ドイツが供給する物資の大部分は兵器であるとした上で、同協定により日独友好は害されたと難じたのであった。

かくて、ドイツ外務省は、反日独協定の陣営から脱落することになる。もし、日本に敵対的な親中政策を続けたならば、日本は軍事的手段を用いて在華ドイツ軍事顧問団の引き上げを要求したり、ソ連との和解に走る恐れがある。いずれ、中国か日本かの二者択一を迫ってくるだろうが、なお時間の余裕があり、ドイツが好意的に迎えられているかぎりは、日本との了解に達することが望ましい。ドイツ外務省は、そのように判断した。

皮肉なことに、国防軍がやっきとなって親中対日路線を推し進めたことが、ドイツ外務省を日独協定論の側に追いやってしまったのである。

墨の色を濃くする大島

こうした変化を受けて、一九三六（昭和十一）年七月、日独防共協定とそれに付属する秘密議定書の案文がドイツ側より日本側に示された。協定の目的は、共産主義的破壊工作に関する情報および対策に関する意見の交換であり、これについては政治的効果を期待し、公表することをドイツは望んでいた。が、付属議定書のほうは、日独双方ともに、絶対に秘密にしておかなければならないことで一致している。それもそのはず、付属議定書の趣旨は、「日独両国ともソ連に対し其《そ》の地位を有利ならしむるが如《ごと》き何等《なんら》の措置を講ぜず」というものので、明々白々たる政治協定だったのだ。

さらに、スペイン内戦の勃発（七月十七日）により、独伊対英仏ソという、第二次大戦にも通底する対立の図式が、その輪郭《りんかく》を見せはじめたことも見逃せない。おそらく、この時期から、英仏に対するカウンターウェイトに日本を据える構想がヒトラーの胸中に芽生えたのである。八月下旬にヒトラーが記した、戦争準備のための経済計画「四か年計画」のための覚書に、「そもそもドイツとイタリア以外では、ただ日本のみが〔共産主義という〕国際的脅威に対抗する国家とみなしうる」とあるのは、その証左であろう。

ちなみに、大島がリッベントロップとともに、ヒトラーを訪ね（彼は折からワーグナー楽劇の祝祭であるバイロイト音楽祭に出席するため同市に滞在していた）、防共協定の草案を示した際の反応も興味深い。ヒトラーは、大島がロシアと口にしたとたん、彼の発言をさえぎり、ヨーロッパは山間《やまあい》の谷で、斜面の上には巨大な岩がある、これは、いつ何時落ちてきて、谷底の住民を埋め尽くしてしまうかもしれないとした上で、岩、すなわちソ連を、元の歴史的な部分に解体してしまうよりほかに対策はないと述べたというのである。

このように防共協定交渉が追い風を受けたこともあって、ドイツ外務省も、国防軍の中国への肩入れを抑え、対日政策との兼ね合い上、揚子江河口防衛のための砲台設備や高速魚雷艇の供給は当分延期するとの合意を導くことができた。

かくて、一九三六年十一月二十五日、日独防共協定は締結される。注目すべきは、武者小

日独防共協定の調印。後列左から２人目が大島浩駐独武官。前列左から武者小路公共駐独大使、特命全権大使リッベントロップ

路駐独大使に対する調印相手が、ノイラート外務大臣ではなく、特命全権大使の身分を与えられたリッベントロップだったことだろう。しかも、翌二十六日に開かれたヒトラー主催の防共協定締結祝賀晩餐《ばんさん》会には、カナーリスも出席していた。スパイ・マスター、国防省防諜部長として、なるべく公の席に顔を出すことを避けていたカナーリスとしては、異例のことである。これらのエピソードから、日独防共協定は、リッベントロップとカナーリスが、ドイツ外務省・国防軍主流派を出し抜いて、締結に導いたものだったことが容易に読み取れよう。

しかしながら、一方の当事者たる大島は、日独防共協定の内容に、おおいに不満を抱いていた。当然であろう。彼がめざしていたのは、ソ連を対象とした軍事同盟だったのに、いざ実現してみると、それはドイツ外務省と国防軍の抵抗により、イデオロギー的反共提携とソ連の「地位を有利ならしむるが如き何等の措置を講ぜず」程度の微温《びおんてき》的な協定にとどまっていたのだから。

ゆえに、大島は、日独軍事同盟を実現させるために、早くも防共協定締結の翌月から暗躍することになる。一九三六年十二月十四日、国防省軍務局長ヴィルヘルム・カイテル中将に対し、軍事協定案を提示したのだ。大島は、十一月六日に参謀本部より訓電を受け、防共協定締結後の日独関係を協議するため、翌年一月に一時帰国するよう命じられていたから、それまでにドイツ軍部との接近を推し進め、実績をつくっておきたいと、功名心が頭をもたげたのかもしれない。

いずれにしても、大島の提案は、薄墨色の防共協定に、何度も墨を塗りつけるようなしろものであった。以下、骨子を列挙する。

①日独陸軍は、ソ連に関する情報を交換する。②日独陸軍は、対ソ謀略を協同して実施する。③日ソ戦争の際には、ドイツは状況が許すかぎり、航空機その他の軍事物資を供給する。日本は、同じく状況が許すかぎり、ドイツ側の望む原料および食料を供給する。④一方の軍がソ連と交戦した場合、両国の軍は、ソ連に対する軍事的デモンストレーションが可能か、できるとしたら、どの程度のことを行うのかを協議する。⑤この軍事協定の実施を容易にす

るため、両国の軍は、少なくとも年に一回、合同協議会を開催する。

この提案を受けたカイテルは、①と②に関しては、すでに大島とカナーリスのあいだで開始されているとした上で、③と④については日本政府の見解があきらかにされなければ交渉の対象にはならない、また④と⑤は国家の基本的政策に影響を及ぼすので、軍部間だけでことを運ぶことはできないとする内容の覚書を作成した。要するに、情報・謀略面での協力はともかく、大島の言い分を聞いただけでは正式な交渉は開始できないし、軍のみならず政府がかかわらなければならないと、釘《くぎ》を刺したわけである。

かかるカイテルの覚書は、国防大臣ブロンベルクの承認を得たのち、ヒトラーの裁可を得て、大島に伝えられた。しかるに、大島は、およそ二年後の一九三八年十月に作成した「日独軍事協定の経緯」なる報告書において、「『カイテル』陸軍大将（当時中将）と協議したるに独軍部も同意見にして、最後に当時の国防大臣『ブロムベルク』〔ブロンベルク〕元帥も之《これ》を認可せり」と、ぬけぬけと虚偽を記している。

のちに、大島は、ドイツに有利になるよう歪曲《わいきょく》した情報を流したり、嘘をついたりということで有名になり、その報告は信用されなくなっていくのだが、かくも早い時点で、そうした悪癖が出ていることには驚きを禁じ得ない。

ともあれ、一九三七年一月十八日に帰国した大島は、政府や軍部の要路に対ソ戦準備の必要と、その一環としての日独軍事協力強化を説いた。なお、彼は、東京にいるあいだ、しきりに駐日ドイツ陸軍武官オット大佐を訪ね、物資やノウハウの交流、情報の交換、作戦構想の交流といった三点を眼目とする日独軍事関係強化の必要を訴えている。のちの虚言とは裏腹に、やはり大島はドイツ国防軍の冷淡さを実感していたのだ。だからこそ、ドイツ陸軍の日本におけるアンテナであるオットを籠絡《ろうらく》しようと試みたのであろう。

大島自身の表現を借りれば、「弱く小さな条約（防共協定）の橋をコンクリートの橋に拡張」する努力であった。その際、オットに対し「総統もとくに、この計画に強く賛成した」と嘘をついたことも、取るに足らぬ方便ぐらいに考えていたのかもしれない。

けれども、日本参謀本部もドイツ国防軍も、大島の「熱意」に対し、きわめて抑制的な態度を取っていた。

まず、日本参謀本部は、二月五日に、情報交換、謀略面での協力、定期協議の開催を盛り込んだ軍事協定案を定め、それをもとに交渉を行うよう、大島に訓令を出している。つまり、ソ連に対する戦略レベルの協力は、一応排されたのだ。加えて、ドイツに戻り、四月五日に、ドイツ参謀本部を訪れて協議した大島は、ひどく消極的な反応に迎えられたのである。

にもかかわらず、大島はひるまなかった。それどころか、四月末に日本参謀本部の訓令に基づく軍事協定案をドイツ側に渡す際に、とほうもない恣意《しい》専横《せんおう》をしでかしていた。「ドイツないし日本の利益に根本的にかかわる国際政治情勢の変化が生じた場合、ただちに両軍の協議会が開催される」との一文を、草案に忍び込ませたのだ。よく注意していただけばわかるが、この文章には、対象国をソ連に限定する箇所はない。アメリカ、イギリス、フランス、中国と、いくらでも協定の内容を拡大解釈し、無限定の日独軍事協力を可能とするものなのである。呆《あき》れはてた、身勝手なやりようといえた。

当然のことながら、国防軍側は、大島が提示した協定案の危険を見抜き、のらりくらりと逃げた。具体的には、大島が執拗《しつよう》に迫った軍事協定を文書にして調印することを渋り続けたのである。その経緯を逐次追っていくことは煩瑣《はんさ》に過ぎるため、ここでは避けるけれども、結論からいえば、ドイツ国防軍が最初から譲歩していた情報交換および謀略工作における協力を文書化したことが、大島が得た唯一の成果であった。

この対「ソ」謀略に関する日独付属協定には、トルコ、イラン、コーカサス方面ならびにヨーロッパ諸国で行う情報収集や破壊工作、そして亡命者を利用した工作などを列挙した、謀略五か年計画表ともいうべきものが記されている。事実、日本陸軍は、こうした協定のもと、謀略や対イスラーム工作を実行した。なかには、爆弾で武装したロシア人をコーカサス方面から越境させ、スターリン暗殺をはかる一九三九年一月の作戦もあった。ただし、このスターリン暗殺計画の実態は今なお謎に包まれ、解明されていない。

また、余談ではあるけれど、日独接近の仲介者となったハックのその後についても触れておこう。防共協定締結後も、彼は一種の日本ロビーとして活動していたものの、しだいにナチス党や親衛隊筋との対立を深め、その結果、一九三七年七月に「男色罪」（当時のドイツでは刑法百七十五条により、同性愛は犯罪とみなされていた）の名目で逮捕された。この条文を使って、政敵を排除するのはナチスの常套《じょうとう》手段であった。

もっとも、大島伝の筆者鈴木は、「ハックはドイツ人としては小柄で、やせぎす、女のような声を出し、一見女性的だった。あるいは本当にホモだったのかもしれない」と記している。情報源は、取材した駐独武官府関係者の誰かであろうか。

ともあれ、こうしてハックは投獄されたが、日本側はドイツからの兵器導入のためのキー・パーソンを見捨てなかった。大島、ついで駐独海軍武官が動き、日本海軍のハインケル機購買交渉のため、ハックが自由に行動できることが必要であると申し入れたのである、かくてハックは釈放されたのであるけれども、ドイツ国内にいては危険だと出国し、日本やフランスを転々としたあと、スイスに落ち着いた。そうして紆余曲折《うよきょくせつ》を経たのちに、一九四五（昭和二十）年の有名な藤村《ふじむら》工作、すなわち終戦工作の仲介をつとめることになるのだが――それはまた別の物語であろう。

魔の磁力

大島は、いったん雌伏《しふく》のときを迎えることになった。防共協定と付属協定の締結という成果はあげたにせよ、日独関係にはさしたる進展もなく、停滞期を迎えたのである。

しかし、一九三七（昭和十二）年七月以降、日本とドイツをめぐる国際情勢は、劇的に変化した。

第一の動きは、いうまでもなく日中戦争勃発だ。七月七日、北平《ペーピン》（当時の名称。現在の北《ペ》京《キン》）西南盧溝橋《ろこうきょう》で生じた日中両軍の衝突は全面戦争に拡大し、同時に、ドイツに困難な決断を強いた。というのは、縷々《るる》述べてきたように、ドイツには、経済上の配慮から親中路線を取る国防軍・外務省と、世界戦略上の計算から日本への接近をはかるリッベントロップ・カナーリスの路線が混在し、ときに矛盾を招いていた。けれども、日中開戦は、かかる日和見《ひよりみ》的状態を継続することを不可能とし、二者択一の決定を要求することになったのである。

駐華ドイツ大使オスカー・トラウトマンは、盧溝橋事件以前のドイツの姿勢を評して、わが国の極東政策は振り子のようなもので、常に日本と中国のあいだを揺れ動いていたとしている。さりながら、ドイツ外務省は、そのトラウトマンを仲介者とし、日中停戦による現状維持をはかった。いわゆる「トラウトマン工作」だが、この試みは、一九三八年一月、近衛《このえ》文麿《ふみまろ》内閣の強硬な態度によって、失敗に終わる。

ついで二月には、ヒトラーが、伝統的な強国復帰政策から侵略を企図したそれへと方針を転換し、国防軍と外務省の支配的な人物を排除して、軍事と外交の実権を握った。国防大臣ブロンベルクは、めとったばかりの後妻が娼婦《しょうふ》だったという醜聞をもとに更迭《こうてつ》されたし、外務大臣も生粋の外務官僚であるノイラートから、成り上がりのリッベントロップに交代したのである。これに伴い、ドイツの極東政策も、親日路線一色になった。ドイツは満洲国を承認したばかりか、在華軍事顧問団とトラウトマン大使を本国に召還、蔣介石政権との国交を事実上断絶するに至ったのである。

第二の動きは、イタリアの防共協定参加だった。一九三五（昭和十）年のエチオピア侵攻により、国際連盟の制裁を受けて、孤立を深めていたイタリアは、最初から防共協定に好意的であった。日中戦争勃発後も、こうした態度をくずさぬイタリアに、日本は急速に接近する。ドイツのリッベントロップが、この政策を後押ししたこともあり、十一月六日、イタリアは防共協定参加を定めた議定書に調印した。むろん、イタリアは地中海《ちちゅうかい》その他で、イギリスやフランスとの対立を深めていたから、この防共協定の拡大は、もともと対ソ協力であった同盟に、英仏、さらにはアメリカとの対立という要因も埋め込むことを意味していたといえる。

第三の動きは、いうまでもなく、ドイツがオーストリア合邦を達成し、ついでチェコスロヴァキア解体を企図したことであった。ヒトラーは、ヨーロッパの覇権を握るためには、戦争も辞さずと決意したのだ。

ここで、物語は冒頭に立ち返る。そこで述べた通り、「五月危機」に示された英仏ソの強硬な対応により、ひとまずチェコ侵略の野望をくじかれたヒトラーは、それらの国々を牽制し、欧州での行動を封じるような同盟国を得る必要に迫られた。

選ばれたのは、もちろん日本であり、手駒の一つは大島浩だった。

一九三八（昭和十三）年五月末、一時帰国したオットを総統官邸に迎えたヒトラーは、東欧に領土を求める考えを捨てられぬ以上、いずれはイギリスとの戦争を覚悟しなければならないと熱弁を振るったのち、さらに、日本は従来取ってきた反ソ路線を反英路線に鞍替《くらが》えすることが必要だと洩らした。

これに先立ち、一九三八年一月、新年の挨拶のために、ベルリン近郊ゾンネンブルクにあるリッベントロップの別荘を訪問した大島は、前者より、条約か何かの形式で、ドイツと日本をもっと緊密に結びつけることはできないかと尋ねられている。ただ、具体案が示されなかったことから、これはリッベントロップ独自の動きであった可能性もある。が、いずれにせよ、大島は飛びついた。賛成の意見を付して、東京の参謀本部に報告したのだ。日中戦争の長期化と、それにともなうソ連の相対的地位の上昇を恐れた参謀本部は、ドイツとの関係強化を進め、対ソ防御同盟を締結する趣旨の対案を伝書使《クーリエ》に託して、六月に大島に渡してきたのである。

魔の磁力は、ユーラシア大陸の両側から作用しだした。

七月はじめ、リッベントロップを訪ねた大島は、日独、場合によってはイタリアを含めた三国のうち、いずれかがソ連から攻撃された場合、なんらかの行動に出る前に協議することを約した協定を結べないかと切り出す。一両日ののち、大島を呼びつけたリッベントロップは、趣旨には賛成であるけれども、単なる協議ではなく相互援助条約を結ぶこととし、また対象国もソ連のみならず一般的なものにしたいと述べた。

両者は、さらに議論を詰め、条約案を作成する。が、日独防共協定交渉時の機密漏洩の苦い記憶がよみがえったものか、リッベントロップは電報による送付を避けたいと言い出した。よって、大島は、陸軍武官後任の内示を受け、ベルリンに滞在していた笠原幸雄《かさはらゆきお》陸軍少将に（一九三八年三月に中将に進級していた大島は、予備役に編入されたのち、ドイツ大使に任ぜられることになっていた）案文を託し、東京に送り出すこととした。

翌一九三九年八月まで、日本政府をきりきり舞いさせる「防共協定強化交渉」の開始である。

はるか後年、ヒトラーは、大島浩は、軍人的な決断と行動力にみちた、優れた外交官だと賞賛している。その、第三帝国の総統に愛された軍人外交官の手腕は、今や祖国を深淵《しんえん》に導く方向に発揮されようとしていた。

第二章　同盟のため奮闘せるも……

日本陸軍も軍事同盟を狙う

一九三八（昭和十三）年七月のことだったと伝えられる。

イタリア大使館付陸軍武官有末精三《ありすえせいぞう》大佐は、大島浩《おおしまひろし》よりの突然の電話により、ハンガリーの首府ブダペストに呼び出された。場所も奇妙なら、用件についても一切知らされない。不審な指示である。しかし、前章で触れたごとく、謀略と諜報《ちょうほう》における日独の協力を実現させた大島は、対ソ謀略に関して、欧州各地に駐在する陸軍武官を統括するような立場にあったし、また、ハンガリーはそうした対ソ諜報の一大拠点であったから、有末もその種の謀略の相談かと見当をつけて、ブダペストに赴く。

だが、指定された飛行場の待合室に現れたのは、大島一人ではなく、笠原幸雄《かさはらゆきお》も同道していた。大島は、秘中の秘であるから、安全なところで話したかったのだとし、笠原がしかと抱えていた手提げカバンの中から、三十センチ四方ほどのアルバムを取り出した。むろん、ただのアルバムではない。写真数枚をはがして、裏返してみると、何やら暗号が記されている。

リッベントロップが提示した軍事同盟案だった。大島は、イタリアが日独の軍事同盟に参加する意思があるか否かを質《ただ》すために、有末をブダペストへ呼びつけたのだ。

もしも笠原が東京へ向かう途中、ローマに寄ったなら、各国のスパイが注目しないはずがない。逆に、有末武官がベルリンを訪ねれば、国際情勢が緊張している折から、やはり一挙手一投足までも見張られて、秘密裡《り》に協議することは困難だ。そこで、第三国で、ベルリンとローマからやってきた武官がひそかに落ち合うかたちにするのが良策だろうと、大島が一計を案じたのである。その結果、東京へ向かう笠原に大島が同行、飛行機が給油のために立ち寄るブダペストで、有末を加えた三者会談が行われることになった。

こうして、飛行場の一隅にある待合室で、日独伊軍事同盟のことを聞かされた有末は、イタリアにはイギリスとの関係改善への未練があるからと難色を示したが、大島は耳を貸さなかった。それればかりか、この件は、ローマ駐在日本大使堀田正昭《ほったまさあき》には秘密にせよ、と厳命したのだ。ドイツ側はまず日本政治に大きな影響力を持つ陸海軍の意見を聞きたいのだから、日本の外交筋には黙っていてほしいと、リッベントロップより釘《くぎ》を刺されていた大島は、公式ルートを通した交渉開始を封じたのである。

ちなみに、鈴木健二《すずきけんじ》の『駐独大使大島浩』には、この日、大島ら三人は飛行場ではなく、ブダペストの「ホテル・ゲレルテ」（正しくは「ホテル・ゲレルト」か）で落ち合ったのち、ハンガリー公使館付武官に転じていた若松只一《わかまつただかず》の留守宅の庭を借り（屋内では、盗聴される心配があると、大島が主張したのだとされる）、車座になって議論したという、まったく異なる記述がある。

さらに、その夜、三人は、ブダペストのキャバレーに出かけた。騒ぐ大島らに、ホステスが名前を聞いてくる。笠原は「テンプラ」と名乗り、有末は「ウナギ」と称した。大島は、しばし思案したのちに「オカマ」と告げた。日本語のわからぬホステスたちは「オカマ」さんと連発し、そのたびに三人は笑いころげたという。

にわかには信じがたいエピソードであるし、他の証言ともずれるが、あるいは鈴木の取材に応じた誰かの記憶ちがいで、ほかの会見と混同しているのかもしれない。ただ、国運のかかった案件の検討後、すぐにキャバレーに繰り出し、怪しげな名前を使って馬鹿騒ぎに興じたというのが事実であるとすれば——日独伊三国同盟という大問題を推進したひとびとの良識を疑いたくなるのは、筆者だけではあるまい。

さて、余談はともかくとして、七月末にベルリンから空路シンガポールに出発し、八月五日に東京に着いた笠原を迎えた陸軍中央部には、出先の行き過ぎをたしなめるような空気はなかった。とくに、六月に新たに陸軍大臣に就任した板垣征四郎《いたがきせいしろう》中将が日独提携論者となれば、なおさらだ。

板垣は、一八八五（明治十八）年、旧南部《なんぶ》藩家老の家に生まれた。盛岡《もりおか》中学から陸軍仙台《せんだい》地方幼年学校、中央幼年学校と進み、一九〇四（明治三十七）年、日露開戦の年に陸軍士官学校を卒業、少尉に任官後すぐに戦地に送られ、奉天《ほうてん》会戦などを経験している。凱旋《がいせん》後は、天津駐屯《てんしんちゆうとん》歩兵隊や原隊の仙台歩兵第四連隊で勤務した。剣道と体操に優れ、端整な容姿と鮮やかな指揮ぶりから「連隊の華」ともてはやされたというから、さぞや凜々《りり》しい青年将校だったのであろう。

なれど、「連隊の華」は進級し、要職に就くにつれて、陰謀の元締めに変貌《へんぼう》する。一九二九（昭和四）年五月、東京の参謀本部勤務を経て、関東軍参謀として旅順《りよじゆん》に赴任した板垣は、前年に同じく関東軍の作戦主任参謀に任じられていた石原莞爾《いしはらかんじ》中佐と結託し、満洲《まんしゆう》事変を引き起こすのである。本題からそれるから、ここで詳細を記述するのは避けるが、板垣と石原の両者がいなければ、のちの日本の進路を大きく定めることになった満洲事変が現実となることは、おそらくなかったであろう。

さて、満洲国が建国されたのちも、板垣は、さまざまな役職を歴任しつつ、満洲を離れることはなかったけれど、一九三七（昭和十二）年三月、第五師団長に親補された。この職にあって、支那《しな》事変（日中戦争）勃発《ぼつぱつ》の報に接した板垣は、ただちに出動、前線の指揮を執っていた。ところが、翌三八年春に陸軍大臣就任を要請され、東京に戻ることになる。

この人事の陰には、近衛文麿《このえふみまろ》総理の強い希望があったといわれる。近衛は、和平による日中戦争解決を唱える石原莞爾と親しく、かつ満洲事変の「功績」で陸軍部内に信望がある板垣に、講和交渉に向けて陸軍を抑える役割を期待したのだ。

けれども、満洲事変の首謀者には、協調外交に向けて陸軍を説得する気など、さらさらなかった。彼は、早くも陸相就任直後に「支那事変指導に関する説明」という、総理に提出した文書で、中国における積極的作戦を主張するとともに、戦争が長引けば、おのずから極東のソ英勢力との抗争が生じるとし、それを調整するために防共協定強化と対米関係改善をなすべしと説いている。こうした板垣の姿勢は、七月三日付で起草された陸軍省の文書「時局外交に対する陸軍の希望」では、より鮮明になっていた。

冒頭で「防共枢軸の強化を図る」と謳《うた》ったこの文書は、中段でさらに具体的に、「独伊に対しては防共協定の精神を拡充して、之《これ》を対『ソ』軍事同盟に導き、伊太利《イタリア》に対しては主として対英牽制《けんせい》に利用し得る如く、各個に秘密協定を締結す」と提案していたのである。ここで、三国同盟を対ソのみならず、対英に拡大する企図が表明されているのは見逃せない。かかる構想を抱いた板垣や陸軍首脳部にしてみれば、笠原が携行してきたリッベントロップの条約案は渡りに舟だったのだ。

一方の外務省は、同じく陸軍出身の宇垣一成《うがきかずしげ》大将をトップにいただいてはいたものの（五月二十六日外相就任）、日独伊同盟には必ずしも乗り気ではなかった。宇垣は、近衛より日中和平を推進するように言い含められていたし、加えて日中戦争早期収拾がかねての持論だったこともあって、それを最優先したいと考えていたのである。

だが、このころ、外務省内部にも、日中戦争を解決するために日独伊の関係をいっそう強化すべきだとする勢力が台頭していた。上層部の穏健な政策に飽きたらず、ほとんどがまだ二十代の外務省青年事務官八人が、七月三十日に大磯《おおいそ》の宇垣大臣私邸を訪れ、ソ連《れん》との関係は戦争によって解決、中国を後押しするイギリスの勢力を東洋から駆逐する、そのために独伊との提携を早急に強化しなければならないという強硬論をぶつことさえあったほどだ。当時の外務省内部の下克上《げこくじょう》的雰囲気をあらわす挿話であると言わねばなるまい。

このような若手が存在していたこともあってか、外務省は、陸軍の同盟論もあながち全否定されるべきものではないから、むしろ、これを善導し（陸軍・大島の独走により、防共協定を押しつけられたことが念頭にあったのだろう）、日本の国益上害の少ない条約を結ぶのが適当であるという結論に達する。具体的には、ドイツとのあいだには防共協定を拡大した相互援助条約、イタリアとは中立・協議条約を結ぶのがよろしいとして、宇垣に上申していた。

かような情勢のなか、昭和天皇より政府と陸海軍のあいだを調整する連絡会議を設置したらどうかと示唆され、近衛首相は、六月十日の閣議で、総理、陸軍大臣、海軍大臣、外務大臣、大蔵大臣の五相が国策を協議する「五相会議」、いわゆるインナーキャビネットを設置することを決めていた。

この五相会議は、六月十七日の第一回を皮切りに回を重ねていったが、前述のような陸軍や外務省の意見を受けて、七月十九日の会議で日独伊の関係強化を決めていた。ドイツに対しては対ソ軍事同盟、イタリアには対英牽制のための秘密協定を求めるとしたのである。しかし、見逃せないのは、七月十九日の決定を受けて、陸軍が作成した「日独防共協定強化に関する件」という案文であろう（七月二十六日付）。これには、日独は、両国のいずれかがソ連と戦端を開くときには、もう一方も速やかに参戦し、講和もまた双方合意の上でなすという意味の一文があったのだ。

攻撃された場合のみ、つまり、受動的な参戦義務を定める軍事同盟どころではない。仮に、いずれかが侵攻作戦を開始したとしても、両国ともに対ソ戦を開始すると読むことも可能な、強力な攻守同盟である。

陸軍が、かくも極端な対ソ同盟を望んだ背景には、日中戦争の長期化によって、二十三個師団もの兵力が中国に割かれ、極東ソ連軍に対する兵力が、著しく貧弱になっていたことがあると推測される。一九三八年六月末の日本陸軍参謀本部の判断によれば、ソ連は対日戦に狙撃師団（ロシア・ソ連では、伝統的に「歩兵」を「狙撃兵」と称する。この「狙撃師団」も歩兵師団のこと）三十一ないし五十八個師団を投入できるのに対し、日本陸軍は満洲朝鮮《ちょうせん》の九個師団と内地の二個師団しか使用できないことになるのだった。

いずれにせよ、英仏、あるいはアメリカといった列強を無視し、対ソ一本槍《やり》にこりかたまった構想といって、さしつかえない。だが、日ソ国境紛争（七月十一日、張鼓峰《ちようこほう》事件勃発）に見舞われたばかりの陸軍としては、深刻な危機感に襲われて、この草案を作成したと思われる。

ただし、こんな強硬論は、いくら若手の突き上げがあるとはいえ、外務省が肯《がえ》んじられるものではなかった。外務省は、日独関係強化は、進んで対ソ戦争をするためではなく、ソ連を牽制し、日中戦争遂行を容易ならしめることを目的とする外交手段であるとし、八月十二日に対案を出した。それは、締約国の一方が、挑発によらざる攻撃を受け、ソ連と交戦することになった場合に、他方は可能なるすべての方法により援助することを約束するという、陸軍案よりも、はるかにトーンダウンしたものになっていたのである。

このあたり、以後の「防共協定強化交渉」における陸軍と外務省の対立の萌芽《ほうが》がみられて、興味深い。かような政治情勢にあった東京に、笠原携行案が届けられたのであった。

笠原携行案の波紋

ベルリンからオランダ航空の定期便に搭乗、ＤＣ－三型機による実飛行時間約五十五時間、日数にしておよそ四日の空の旅を経てシンガポールに到着、そこから客船に乗った笠原幸雄陸軍少将が、横浜《よこはま》を経て東京駅に降り立ったのは、一九三八（昭和十三）年八月五日だった。

船旅では時間がかかりすぎるし、さりとてソ連領内を通るシベリア鉄道を用いたのでは不測の事態が予想されると、異例の飛行機による帰国が実現したのである。

笠原は、横浜・東京間の列車の車中で、迎えにきていた参謀本部ドイツ班の西郷従吾《さいごうじゆうご》少佐に問題のアルバムを渡し、平文《ひらぶん》に直しておくよう命じると、自身は東京駅から三宅坂《みやけざか》の陸軍省・参謀本部に向かった。まず、参謀次長多田駿《ただはやお》中将に報告したのち、隣の陸軍省で板垣大臣、陸軍次官の東條英機《とうじょうひでき》中将、軍務局長町尻量基《まちじりかずもと》少将の三人に、日独軍事同盟案について説明する。戦後、笠原は「これら陸軍の中心におられた方々の反応は、いいともおっしゃらなかったが、だいたいの空気は賛成のようでした」と回想している。

つぎに笠原は、霞ヶ関《かすみがせき》の海軍省を訪れた。海軍大臣の米内光政《よないみつまさ》大将が不在だったため、応対したのは海軍次官山本五十六《やまもといそろく》中将であった。かつて、リッベントロップに会ったこともある山本が、笠原がもたらした日独同盟案をどう受け取ったか。笠原は、「山本次官としても承っておくというだけで、別に意見はなかったと思いますね」と述べているが、これは笠原の印象でしかなかろう。いうまでもなく、山本は、上司たる海相米内、部下の軍務局長井上《いのうえ》成美《しげよし》少将とともに、いわゆる「海軍左派トリオ」を形成し、日独伊防共協定の対英仏への拡大に徹底的に反対した人物だからである。

しかしながら、笠原携行案に接した海軍の最初の反応は、必ずしも全面否定というわけではない。海軍省軍務局第一課が、一九三九年八月十一日に作成した「日独伊三国協定問題経緯」によれば、海軍省の中堅軍事官僚たちは、同盟の内容がソ連を対象とするものなら趣旨として異議はないとしていた。つまり、ソ連に攻撃された場合の軍事協力を約束するものなら構わないというのだ。

笠原としては、これで日本陸海軍に、ドイツ側の同盟案を伝える大役を果たしたわけである。ただし、外務省には黙っていろとの大島の指示を守るつもりは、笠原にはなかった。彼は外務大臣宇垣の妹をめとっており、縁戚《えんせき》関係にあったのだ。こういう間柄である以上、万一ことが露見した場合、義兄の面目はまるつぶれになる。それを案じたものか、陸海軍省や参謀本部への報告を終えたのち、七日の夜に、笠原は新宿内藤町《しんじゅくないとうちょう》の宇垣邸を訪ね、ドイツの同盟案をリークした。

ところが、である。宇垣は、外務省の部下たちには、笠原携行案のことを一言も洩《も》らさなかった。ゆえに、外務省の幹部たちは、何も知らぬまま、前述の穏健な案をまとめ、八月十二日に五相会議に提出している。なんとも不可解なやりようだ。事実、日独防共協定交渉でも煮え湯を呑《の》まされた井上庚二郎《いのうえこうじろう》などは（一九三八年当時は欧亜局長の任にあった）、戦後の回想で「宇垣大臣が十日間握っておいて、事務当局に話をしなかったということは、大きなことです」と怒っている。

いったい、宇垣は何を考えていたのか。

それについては、宇垣はドイツ案に反対だったので、笠原携行案についても聞き置くだけにとどめ（省内に教えてしまえば、若手枢軸派が騒ぎ出し、混乱が生じる恐れがある）、知らぬ顔を決め込んで、おのが意にかなう外務省案を出したのだと解釈する向きもある。仮に、この説に従うなら、宇垣は、彼流の腹芸でリッベントロップの日独同盟案を拒否したことになるけれど、真相はいまだ解明されていない。また、八月十二日の外務省案が、その後の交渉中等閑視され、もっぱら笠原携行案を叩《たた》き台として議論が進んだことを考えると、これ以上深入りする必要はないかと思われる。

さて、そこで、外交のしきたりに従った、相当にもってまわった文章ではあるが、笠原携行案の訳を引用しておこう。

「一、締約国の一が締約国以外の第三国と外交上の困難を生ぜし場合においては、各締約国は、しかるべき協同動作に関し、ただちに評議を行う。

二、締約国の一が締約国以外の第三国より脅威を受けたる場合においては、この脅威を排除するため、他の締約国は、あらゆる政治的かつ外交的支援を行う義務あるものとす。

三、締約国の一が締約国以外の第三国より攻撃を受けたる場合においては、他の締約国は、これに対し武力援助を行う義務あるものとす」。

日本陸軍は、基本的にこの案を歓迎し、締結の推進力になる。当時、参謀本部第二部欧米課長をつとめていた辰巳《たつみ》栄一《えいいち》大佐（戦後、軍事問題において吉田茂《よしだしげる》の懐刀となった人物である）の「〔陸軍省と参謀本部の〕主力課長はみんなドイツの提案に賛成でした」との証言は、当時の実情を赤裸々に物語ったものといえる。

だが、ひとまずは笠原携行案に納得したかにみえた海軍からは、反撃の火の手があがろうとしていた。

七か条の質問

海軍は徹頭徹尾ドイツとの同盟や対米戦争に反対した、それを押し切って日本を戦争と敗北にみちびいたのは陸軍だという「海軍善玉論」が、戦後長きにわたり、巷間《こうかん》に流布していたこともある。されど、現在では、海軍の手が必ずしも白くはなかったことがあきらかになっている。

まず、昭和十年代に海軍省や軍令部の部課長クラスを占めていた、いわゆる海軍中堅層のかなりの部分は、親独に傾いていた。むろん、ゆえなきことではない。

一九二二（大正十一）年のワシントン海軍軍縮条約締結とそれにともなう日英同盟廃止により、重要なパートナーを失った日本海軍は、あらたな軍事テクノロジー、とりわけ潜水艦と航空機の供給源を確保しなければならなくなり、ドイツに接近することとなった。第一次世界大戦に敗れたとはいえ、ドイツは瞠目《どうもく》すべき軍事技術を有していたのである。これを得るために、有為な海軍士官たちは続々とドイツに送り込まれていく。

ヴェルサイユ条約により、航空機や潜水艦の保有を禁じられ、莫大《ばくだい》な賠償金の支払いを強いられていたドイツとしても、日本との関係強化は、技術水準を維持し、外貨を獲得するという意味で好都合だったから、日本海軍の士官たちにさまざまな便宜を供与し、歓迎した。なかには、今日でいう「ハニー・トラップ」に近いもの、つまり政府筋の意を含んだ女性が親密な交際を求めてくることもあったとの証言さえある。

こうして、おのずから親独的な心情を植え付けられた士官たちが、今や霞ヶ関、海軍省や軍令部の中枢にいるのだった。

一方、トップにいる米内や山本についても、かつての全肯定的な評価は少なくなった。米内に関していえば、その対中政策を批判する向きも少なくないし、なかには、ドイツの日本史家ゲルハルト・クレープスのように、「海軍は日中戦争の開戦当初、この戦争を交渉によって解決しようとするよりも、むしろ自らの勢力を拡大する好機として利用した。米内をはじめとする海軍の画策により戦局は上海《シャンハイ》と海南島《かいなんとう》に拡大し、さらには新南《しんなん》群島の占拠に至った」と酷評する論者もいる。

山本五十六でさえも、日米不戦論者、国際協調を重んじる海軍「条約派」の正統を継ぐものという評価は、少なくとも、一九三〇（昭和五）年の第一次ロンドン軍縮会議のころまでは当たらないのではないかとの疑念が呈されている。同会議に日本全権団の次席随員として参加した山本は、潜水艦保有量の問題で強硬な言動をなし、本国で英米に妥協してはならないと叫んでいた軍令部長加藤寛治《かとうひろはる》大将や軍令部次長の末次信正《すえつぐのぶまさ》中将ら「艦隊派」も顔負けの戦闘的な振る舞いだったというのだ。

けれども、こと「防共協定強化交渉」に関するかぎり、米内・山本・井上の「海軍左派トリオ」は、独伊とともに、ソ連ばかりか、英国に対する戦争（それはアメリカとの戦争に直結するであろう）をも導きかねない条約に、徹頭徹尾反対した点で、高く評価できると、筆者は考える。

まず、山本が放った第一の矢について検討しよう。

八月七日、陸海軍首脳部会合で、海軍の関係主務者たちは、ドイツが持ちかけてきた条約案について、陸軍側より正式に知らされた。およそ半月後の十九日、海軍の政策立案を統括する軍務局第一課長岡敬純《おかたかずみ》大佐が海軍が取るべき態度に関し米内と山本に説明した席上、山本は、七か条の質問を浴びせかけた。以下、原文を現代風に直して列挙する。

一、ドイツ・イタリアとの関係強化は、日中戦争を処理する上でのイギリスとの交渉に有害ではないか。
二、日独伊防共協定は、かえって日本に不利にはたらいたのではなかったか。
三、この問題を、対ソ方面に限るとすれば、どうなるか。
四、締結の時機は、早すぎては、かえって不利になるのではないか。
五、日ソ戦の場合、ドイツよりの実質的援助は期待できないであろう。そのような実質なき条約は、結局無意味ではないのか。
六、この条約を結べば、独伊に対し、中国での権益を分け与えなくてはならなくなるのではないか。
七、日独伊ブロックに対し、米英仏が経済的な圧迫を加えてきたとして、対抗策はあるのか。

質問をしたのは山本だったが、彼との親密な関係を考えれば、米内も事前に承認していたのであろう。もちろん、説明を受けた上で、その場で考えたのではなく、あらかじめ疑問を七つのポイントにまとめておいたのである。

当時、海軍省臨時調査課長として、この場に列していたと思われる高木《たかぎ》惣吉《そうきち》は、このときのもようを、こう回想している。「この六か条〔実際には七か条〕の字句だけみたのでは、次官がどの程度協定に反対であったかは判然しません。第四項の『締結の時機は、早きは却《かえ》って不利ならずや』〔原文〕のごとき、一応協定の成立を呑んだ上の条件とも受け取れます。しかし、質問の覚書を手渡した際の態度や表情からはありありと猛反対の厳しさがうかがわれました」。

戦後の長い時間を経た今となっては、どうして米内・山本と海軍中堅層のあいだに、対独伊政策をめぐって、これほどの食いちがいが生じたのか、いぶかしく思われる。むろん、すでに述べたような経緯もあるから、親独派が多くなっていた海軍省の部課長と、伝統的な親英米思想を有する旧世代の海軍士官の対立と見ることも可能であろう。が、やはり高木の回想が、このころの海軍の事情を知るヒントを与えてくれる。

「ロンドン軍縮会議のために、大揺れに揺れた海軍は、真二つに割れました。その後満洲事変や五・一五事件の影響で、強硬派が優勢となり、二・二六事件の前後はその頂点に達したことは周知のとおりです。〔中略〕そこで海軍はややもすれば下克上に傾きかけた弊風を改め、統制あり、伝統の冷静な姿に戻りかけようとしたのですが、なにしろ昭和八年に改正されたばかりの軍令部令で大幅にその発言権が強まり、軍令部総長伏見宮《ふしみのみや》〔博恭王《ひろやすおう》、元帥〕を背景にして、大臣や海軍省側に対する統帥権の一方的干渉がまだなかなか大変なものでした。

さて永野《ながの》〔修身《おさみ》、大将〕海相のとき、いやいやながら次官にすえられた山本中将は、次の米内海相大臣時代まで留任したわけで、右のような情勢から、穏健派の代表ともいえる米内、山本両提督は、当時はまだ強硬派の海に孤舟を浮かべた形だったのです」。

さりながら、この「孤舟」は、舵《かじ》をなくしてもいなければ、水漏れを起こしているわけでもなかった。急ぎ「海軍次官の質問に対する説明案」を作成し、翌八月二十日に次官と大臣への説明に及んだ軍務局第一課長は、冷ややかな反応で迎えられることになる。

それも当然であった。

いわく、イギリス外交は利害打算で動くから、独伊と結べば、その力を恐れて妥協するだろう。

いわく、日ソ戦にドイツが参戦してくれなくとも、ソ連軍の兵力をヨーロッパ方面に牽制してくれる。それが無い場合を考えれば、実に有効だ。

いわく、独伊に中国における権益を渡したとしても、イギリスに与えるよりは、ずっと有利である……。

つまり、軍務局の説明は、日独伊の関係強化という方針に、無くもがなの理由付けをしたものにすぎなかったのである。

これを聞いた米内は、かえって危惧《きぐ》をつよめた。ために、海軍省の中堅軍事官僚が予想もしていなかった判断が下される。海軍大臣は、かかる協定は、経済的反動をもたらすにちがいないとした上で、この問題は五相会議にかけ、しかるのちで日本の決定をベルリンに告げるべきだとしたのだ。

重大な決断であった。リッベントロップ・大島は、まず日本陸海軍の了解を取り付けてから、正式の外交ルートに乗せることを考えていたのに（その際、彼らがもくろんでいたのは、軍部が賛成しているという既成事実を突きつけ、日本政府内の反対派を屈服させることだったろう）、米内は、最初の段階で、そうした思惑をくつがえしてしまったのである。

ドイツとの軍事同盟を切望していた陸軍にとっては、この米内の反応が看過しがたいものであったことは、いうまでもない。岡第一課長より海軍の方針を伝えられた陸軍は、五相会議に議題として挙げた場合、海相が反対すれば、とうてい成立しないと考え、あらかじめ米内の了解を取り付けようと策した。それには、同格である陸軍大臣の出馬が必須《ひっす》である。板垣征四郎は、二十一日午後六時より米内と会見したいと海軍側に申し入れたのだった。

「金魚大臣」の雄弁

陸海両大臣の会談の場は「星岡茶寮《ほしがおかさりょう》」だった。食通で知られた芸術家北大路魯山人《きたおおじろさんじん》が差配していた高級料亭だ。このとき、米内と板垣のあいだで交わされた議論の内容については、海軍大臣自身の手記があり、朝日新聞社から政界入りし、戦中から戦後にかけて活躍した政治家緒方竹虎《おがたたけとら》が著した米内の伝記『一軍人の生涯』に収められている。

ただ、この手記には、一つ厄介な点がある。会見の年が一九三八（昭和十三）年ではなく、三九年だったとされているのだ。けれども、その内容を検討し、他の史料とつきあわせてみると、星岡茶寮会談は、やはり三八年八月であるとみるのが妥当で、それが三九年となっているのは、米内の記憶ちがい、あるいは手記をつづるときの錯誤だったとしか思われないのである。そもそも、三九年八月といえば、「防共協定強化交渉」が何十回という議論を経て、揉《も》まれに揉まれたあとであり、そんな時期に陸海軍の大臣が日独伊同盟の基本原則について話し合うとするのは、平仄《ひょうそく》が合わないのだ。

事実、米内と同じく近衛内閣にあって閣僚（外務大臣）だった有田《ありた》八郎《はちろう》も、緒方が『一軍人の生涯』を上梓《じょうし》する以前に、同じ米内手記を使って、ある雑誌に論考を発表した際、同様の疑問を投げかけ、一九三八年説を採っている。筆者もまた、星岡茶寮会談は三八年八月であったという前提で、話を進めることにしよう。以下、わかりやすくするために、会話体にして、小説ふうに記述してみる。

質問の口火を切ったのは、米内だった。

「日独伊防共協定強化の趣旨には、敢《あ》えて反対するものではない。が、目的は何か。また対象となるのはどこの国か。要するに、ドイツ案にある『第三国』を、どう解釈するのか」。

「今日、支那問題において目的を達成できないのは、北にソ連、南にイギリスの策動があるからです。すなわち、英ソを目的とするものです」。

「陸軍では、日独伊防共協定を攻守同盟にまで進めようとする企図があるらしい。そうなのかね？」。

「だいたいにおいて、そう希望しています」。

米内は一八八〇（明治十三）年生まれで、一八八五生まれの板垣よりも年上、階級でも上である。しかも、二人は同郷で、岩手県盛岡中学の先輩後輩にあたるのだから、板垣は最初から押され気味だったろう。続いて、米内は、きっぱりとした言葉で切り込んだ。

「ソ連とイギリスを一緒にして、これを相手とするような日独伊の攻守同盟など、絶対に不可である」。

続けて展開される議論も、理路整然としたものだった。

米内のみるところ、日本とイギリスの対立点は中国問題のみ。しかも、日本が中国に望むところは和平だけで、排他独善的なことなど考えていないのだから、イギリスがその真意を了解してくれれば、両国の関係はしだいに好転する。そのときに、中国に権益を持たない国と結び、逆に最大の権益を有する英国を中国から駆逐するようなことは、単なる観念論にすぎず、実行可能でもないし、なすべきことでもない。

また、アメリカが現在中国問題に介入していないのは、列国の機会均等・門戸開放を前提としているからで、そうした原則を破れば、アメリカは黙っていない。この場合、米英相結ぶ可能性は大となる。

たとえ中国問題で独伊と協力できたとしても、それは米英を向こうにまわすことになり、何ら公算がなくなってしまう。仮に、英米が軍事力を用いなかったとしても、その経済的圧迫を考えれば、憂慮に堪えない。

このあと、米内は、英米金融界の動きを分析してみせたのちに、再び強調する。

防共協定強化が逆効果となり、英米より経済的圧迫を受けることになれば、日中戦争のさなかにある日本としては、すこぶる憂慮すべき事態におちいることとなる。そんなことは、絶対に回避しなければならないのだ、と。

さらに、ドイツとイタリアの本音についても、米内は、ほぼ正確に見抜いていた。

両国は、なぜ日本に好意を寄せようとするのか。日本を乗じやすき国と観測し、味方に引き入れようとしているのではないか。それを冷静に考えてみなければならない。

ドイツは、ハンガリーやチェコスロヴァキアを併合し、第一次世界大戦前のドイツとオーストリアを合わせたような大国となって、あわよくばポーランドを併合、進んでウクライナを植民地とするであろう。イタリアも、スペインに影響力をおよぼし、北アフリカの植民地と本国を結ぶべく、地中海《ちちゅうかい》の優位を求める。両国とも、中国において、相当の分け前を得ようとするにちがいない。

すべてが終わったのち、今日の眼でみても、驚くべき慧眼《けいがん》といえる。おそらくは、米内がドイツ嫌いで、ヒトラーの著書『我が闘争』なども批判的に検討していたこと、腹心の井上成美軍務局長よりイタリアに関する知識を得ていたことも（一九二七年から二九年まで、井上はイタリア駐在海軍武官だった）、こうした明察に反映していたのであろう。

ともあれ、かかる明快な論理を展開したのちに、米内は結論を述べる。

日本は、すでに事実上満洲を領有している。これを発展させることが日本にとっての急務であり、その費用は日中貿易に求めるべきで、対中政策もそうしたアイディアに基づいていなければならぬ。日本が貪欲《どんよく》な野心を捨てるなら、中国政策も平和裡に進む。そのためには、列国と協調すべきなのに、日独伊防共協定を強化し、彼らと攻守同盟を結ぶなど、おのおのがその野心をたくましゅうするということでしかない。独伊と結んで、何の利益があるのか。結局、馬鹿を見るのは日本ばかりになるだろう。最後の部分は、米内自身の文言を引用しよう。断固たる決意が伝わってくる文章である。

「自分としては、現在以上に協定を強化することには不賛成なるも、陸軍の播《ま》いた種を何とか処理せねばならぬという経緯があるならば、従来通りソ連を相手とするに止《とど》むべく、英国までも相手にする考えならば、自分は『職を賭《と》しても』これを阻止すべし」。

平素無口で知られ、ときに「金魚大臣」（外見はきれいだが、食べられない。見かけだおしという意味）と陰口を叩かれた米内の、意外な雄弁だった。米内と板垣は、主義主張もちがい、公務では対立することもしばしばだったものの、私的なレベルでは、同郷の先輩後輩で「光《み》つつぁん」「征《せい》つつぁん」と呼び合うほど、仲が良かったとされる。しかし、この晩ばかりは、とても「光つつぁん」に反撃することは不可能だったろう。

事実、最後に、ドイツとイタリアにいかなる特殊性を認めているのか、それをどのように利用しようと考えているのかと尋ねた米内に対し、板垣は、要領を得ない回答を口にすることしかできず、議論はどうどうめぐりとなった。米内の表現を借りれば、「空しく五時間余を押し問答に終われるのみ」という結果になったのである。

板垣の二枚舌か？

もっとも、以上は、あくまで米内の主観である。こうした議論によって、板垣が押されたことは事実であるにせよ、米内の側でも、ある程度の妥協はしたらしい。というのは、星岡茶寮会談の翌日、陸軍省軍務課と連絡を取った海軍省軍務一課は、前者より、板垣陸軍大臣の述べたことを聞かされた。板垣は、米内海軍大臣は五相会議にかけることを撤回、ソ連のみを対象とするのがよいのではないかとの意向だった、と話しているというのである。

この時点では、海軍大臣から会談の詳細を聞いていなかった軍務一課は、あわてて米内の言い分を尋ねた。米内の答えは、五相会議にかけなくとも、少なくとも陸相、海相、外相の三大臣会議にかける必要あり、ソ連一国対象ならともかく、イギリスを相手にする場合は外務省を入れなくてはならぬ、であった。

これだけをみると、米内が腰砕けになったようだが、実際には、下僚たちに、おのが意図を示唆し、米内手記にあったがごとき見解を伝えていたらしい。以上の経緯を記した海軍史料には、「海相の意向を忖度《そんたく》するに、本件は海軍軍事的に見てイギリスなどの武力的圧迫に対しては心配し居らざるも、外交、政治方面より見て不安を禁じ難し。この点に関し責任大臣〔外務大臣〕の意見を求めざれば是非を決定することは不可なり」とある。やはり、米内は、外務省を巻き込んで、対英意図を含む日独伊同盟を阻止する腹だったのであろう。また、五相会議にかけることを一時撤回したのも、後に述べる流れからすれば、軍部だけでことを決めたがっている板垣を、ひとまず三相会議という代案でなだめ、最終的には五相会議に導こうという策だったのではないかと推測される。

それはさておき、こうした米内の決定を受けて、軍務一課は八月二十三日、陸軍省軍務課長影佐禎昭《かげささだあき》大佐と協議の上、午後に外務省を訪問、井上庚二郎欧亜局長にドイツ案を教えた。井上の怒りはすさまじかった。これは、筆者の誇張ではない。海軍の記録に「井上庚二郎欧亜局長は本件を最初より外務省に連絡せざりしことを大いに詰《なじ》る」と記されているのだ。

さはさりながら、外務省としても、そっぽを向いているわけにはいかない。井上は、陸海軍と協議し、一定の条件のもとにドイツ案に同意するとし、それらについては大至急研究するとした。井上の言葉は嘘ではなかった。条件作成を命じられた欧亜二課は徹夜で、条件をまとめる。その内容は、ドイツ案の攻撃性を薄めるものであった。

第一に、ソ連とコミンテルンの破壊工作に対する防衛が主眼であり、英米などを正面から敵にするものではないと、条約前文に明記する。第二に、ドイツ案第二条や第三条に「脅威」、「攻撃」などとあるその前に「挑発によらざる」の字句をつけたり、「政治的かつ外交的支援」などとあるのを「政治的および経済的支援」などとして、戦争を意図するものではないことを強調する。第三に、ドイツ案第三条の「武力援助を行う」義務については、意に反して欧州紛争にまきこまれる危険を避けるために、「ただちに協議に入る」ぐらいにとどめる。

要するに、ドイツ側、あるいは大島浩が望んだような戦闘的な同盟など結ぶ気は、外務省にはなかったのである。

この外務省修正をあげられた宇垣外相は、二十四日夜板垣陸相と会見する。板垣は、外務省の要求を認め、両者は合意した。ついで、翌二十五日に宇垣は米内を訪ね、海軍の同意を求めたけれど、海相は即答を避けている。宇垣が退去したのち、山本次官、井上軍務局長を召致、子細に検討したのち、この件は国際経済上の影響があるやもしれないので、大蔵大臣の意見を求めた上で最終的決定を下すべきだとの結論を出し、二十六日になってから外務省に通知させた。

何のことはない。米内は、軍部のみでの決定を狙う板垣を、三相会議でいなし、最終的には大蔵大臣も加えなくてはと論じて、五相会議に落とし込んだのだ。してやられたかたちになった板垣陸軍大臣は、二十六日朝八時四十五分に、あわてて米内に電話をかけてきた。その会話を記録した史料が残っている。生々しくもあるし、米内と板垣の番付のちがいともいうべきものを雄弁に物語っている原文を引くことにしよう。


(陸相)「昨日外務大臣例の問題にて貴官を訪問されたる由《よし》、貴官ご同意なりしや」。

(海相)「然《しか》り、趣旨には同意せり。過般《かはん》貴官と会見の際も対ソ限りなら同意差し支えなしと明言せし通りなり」。

(陸相)「本件、本日の五相会議に付せらるるお考えなりや」。

(海相)「自分はかねがね五相会議に付すべきを主張し来たれり。昨日は外務大臣も五相会議に付すべしと申されたり」。

（陸相）「困ったナー、本件はなるべく早く解決をつけたく本日は余は旅行に上る関係もあり、なるべく本日中に片付けたく総理だけの了解を得ることではいけませんか」。

（海相）「ここまで来たら五相会議に付すべきでしょう。なにも蔵相はむやみにがんばることはないだろう」。

（陸相）「マア、よろしく願います」。

どうだろう。板垣の苦虫を噛《か》みつぶしたような顔が浮かんでくるやりとりではないだろうか。

いずれにせよ、こうした駆け引きを経て、八月二十六日、外務省案は五相会議にかけられた。結果からいうと、池田成彬《いけだしげあき》大蔵大臣は、英米から見れば、日本は全体主義国家のグループに入っているから、本協定を締結したとしても、さほど悪影響はないとして賛成したため、米内も同意せざるを得なくなった。宇垣外相も、正規の外交ルートではないから、外務省としては、単なる情報として聞き置くかたちとし、陸海軍の同意をドイツ側に内示、しかるのちに政府間の正式交渉に移るという手順を踏むよう念を押したものの、外務省案が通ったことに満足し、五相会議は日独伊の関係強化を決めたのである。

なんとも、あっけないことで、この方針が堅持されたなら、以後およそ一年におよぶ紛糾もなかっただろうが――むろん、そうはいかなかった。海軍・外務省と、陸軍のあいだには、八月二十六日の決定の解釈において、はなはだしい懸隔《けんかく》があったのだ。海軍と外務省は、本条約の対象はあくまでソ連のみ、英仏、そしてアメリカは含まず、かつ攻撃を受けた場合の協力を定めるのみのものだと理解していた。それに対し、陸軍は、案文にいう「第三国」、同盟の対象は当然英米を含むもので、コミンテルンに対する協定であることを強調した前文は、敵対的な印象を与えないためのカムフラージュだとみなしたのだ。つまり、ドイツ・イタリアとの同盟は、ソ連だけでなく英仏、場合によってはアメリカをも対象とする軍事同盟だと認識していたのである。

従来、こうした食いちがいが生じた理由は、八月二十六日の五相会議の討議があいまいであったため、参加者がそれぞれ自らに都合がいいように解釈し、のちの混乱を招いたのだと説明されてきた。たとえば、宇垣の後を襲って外務大臣になる有田八郎などは、「陸海外相おのおの主観的にこれを解釈し、あえて論議を重ねざりしところに将来の禍根《かこん》を残せり」と、おおいに難じている。

だが、すでにみたごとく、海軍大臣は会議の朝に「対ソ限りなら同意差し支えなし」と断言していた。池田大蔵大臣も、のちに海軍省の高木惣吉に「防共を離れて英仏を対象にすることが絶対反対、事変〔日中戦争〕解決のためにも将来の極東問題処理上からも、英仏等を対象にする条約は危険だと意見一致して問題がなかった。私が陸相に、今の話で異存ないかとわざわざ確かめたら、陸相はその通り異存ないとの返事」をしたと語っている。

だとすれば、この矛盾は、米内光政伝の著者高田万亀子《たかだまきこ》が指摘するごとく、板垣陸相が陸軍内部に対して、あいまいな態度を示したとみるのが妥当ではないだろうか。

さらに一歩進めて、五相会議では、他の大臣たちに屈した板垣が、陸軍省に帰って部下たちに囲まれたとき、独伊との同盟はソ連だけを対象とする防衛的な性格のものに決したと言えず、英米仏を含む軍事同盟だと虚言を口走ったと推測してもよかろう。

もちろん、そう考えるには理由がある。なんといっても、軍中央の統制を振り切って、満洲事変を実行した人物だ。また、「防共協定強化交渉」がはじまる直前の日ソ国境紛争、張鼓峰事件に際しても、板垣は、相手もあろうに昭和天皇に対し、真っ赤な嘘をついている。天皇への上奏において、武力行使を願い出た板垣は、「関係大臣との連絡はどうか」と問われ、「外務大臣も海軍大臣も賛成致しました」と奉答した。外相海相ともに兵力配備については同意しているけれど、実力行使には絶対反対であるとの意見を抱いていることを知っていた天皇は、激怒したという。ただし、こうした事情を反映したのか、板垣が「全部了解させる域には達しませんでしたが、速やかな実力行使を」と応じたとする、別の史料もあることは記しておこう。

いずれにせよ、このように板垣には「前科」がある上、以後の「防共協定強化交渉」においても、これから述べていくように、多々虚言食言をなしている。その第一例が、八月二十六日決定の曲解にあったとしても、そう無理はあるまい。

欧州の風雲

ともあれ、かかる齟齬《そご》は、ドイツにおける出先、すなわち当時の駐独大使東郷茂徳《とうごうしげのり》、陸軍武官大島浩、海軍武官小島秀雄《こじまひでお》大佐への訓電においても増幅されることになる。まず、正規の外交ルート、外務省から東郷大使に宛てて送られた訓電をみよう。この電報には、先述した外務省案の通り、同盟はソ連とコミンテルンの破壊工作に対する防衛を主眼とし、英米を敵とするものではないことを前文において明確にするとの一文があり、目標は唯一ソ連のみとした五相会議の決定を踏襲していた。また、付け加えるならば、東郷は、このとき初めて日独交渉を知らされたので、その困惑と怒りはすさまじいものだったと想像される。

つぎに、陸海軍武官宛てに送られた訓電を検討する。これも一応、五相会議の決定を伝えるものではあった。けれども、それに付随して、東條英機陸軍次官が大島に送った「陸電二三五号〔東京の決定を伝えた前電〕に関する説明」には、「前文」案は、主としてソ連が目標であるとの趣旨を明確にするためで、英米などを正面の敵とするかのごとき印象を与えぬよう、用語上注意したものだ、と説明が伝えられた。まるで、本当のところは英米ソを対象としているのだが、それが露見しないように神経を使えといわんばかりである。

事実、日独同盟の原動力の一つである大島は、陸軍かぎりの打診のつもりで笠原に持たせた案が、一足飛びに政府レベルの決定をみたことに一驚したものの、要するにソ連を主、他の国を従として、独伊と軍事同盟を結ぶことに本国が同意したのだと理解する。

九月一日、大島はさっそくリッベントロップ外相と会見し、日本側の意向を伝えた。リッベントロップは、基本的な同意を得られたことに喜びつつも、ドイツ案第三条に対する修正提案、第三国に攻撃された場合に即時参戦義務を課すのではなく、対策を協議することについては、別の見解を述べた。そうしたことを付属協定にしたいというのが日本の希望だが、そのような細かい内容を取り決めるとなれば、最終決定までには時間がかかるだろうから、この案件は先延ばしにし、とりあえず条約だけを結びたいとしたのである。

翌二日、再び大島と会見したリッベントロップは、同盟案のおおよそをヒトラーに告げ、原則的同意を得たとした。ただし、彼は、日本の第三条に関する要求は逃げ腰的な態度だ、不満であると洩らし、「双方の信頼なくては協定の意義なし」と断じたという。リッベントロップのごとき人物に「双方の信頼」を説かれるとは、なんとも皮肉な話だったが、ドイツ側がかくも性急に同盟を迫るのには、もちろん理由があった。
このころ、ドイツは、戦争突入か否かの瀬戸際にいたのである。

第一章冒頭で述べたごとく、ヒトラーは、五月三十日付で、「近い将来、軍事行動によってチェコスロヴァキアを粉砕することは、わが不動の決意である」との文章ではじまる作戦計画「緑号」に署名していた。

その言葉通り、ヒトラーは、将軍たちの反対を押し切って（陸軍の高級将校の多くは英仏ソを巻き込んで、第二の欧州大戦を引き起こしかねないチェコ侵攻に不同意だった）、着々と侵略の準備を進める。

彼の触手となったのは、例のズデーテン・ドイツ人党だ。この政党は、チェコ政府当局に反対し、ズデーテンの自治を訴えた。それだけをみれば、民族自決の原則に基づいた主張で、もっともなように思われるが、彼らの真の狙いは、もとより平和的解決ではない。ズデーテン・ドイツ人党の党首コンラート・ヘンラインは、チェコ政府が譲歩するたびに、それでは不充分だ、ドイツ系住民はなお迫害されていると叫び続け、紛争をエスカレートさせていく。目的は、チェコスロヴァキアの圧政に苦しむズデーテン・ドイツ人を救うために、ヒトラーは軍事介入せざるを得なかったという大義名分をつくることである。

加えて、イギリスとフランスでは、ドイツ大使館が、悪いのはドイツやズデーテン・ドイツ人ではなく、チェコスロヴァキア政府であるとプロパガンダを打った。そのような無法な国を救うために参戦する必要はないと両国政府に思わせるべく、あらゆる手段がつくされたのだ。

こうした工作を受けて、いわゆる宥和《ゆうわ》政策、独伊の要求をある程度受け入れることによって、ヨーロッパの平和を維持することを是としていた英仏政府は、チェコに圧力をかけ、ズデーテン・ドイツ人と妥協することを求める一方、調停に乗り出した。八月には、イギリスが、商工会議所総裁だったウォルター・ランシマンを長とする使節団をチェコの首都プラハに送り、紛争の解決に努めたのだったが、ヒトラーと通じているズデーテン・ドイツ人党が賛成するわけもなく、結局失敗に終わる。

この間に、ヒトラーは最後の仕上げにかかっていた。通常の秋季演習を行っているとの名目で、ドイツ軍はチェコ国境に集結していたのである。九月十二日、南ドイツの古都ニュルンベルクで開催されたナチス党大会で、ヒトラーは演説を行い、ズデーテン・ドイツ人への援助を表明する。「全知全能の神は、ヴェルサイユ条約によって外国の隷属《れいぞく》下に置かれるために、ドイツ人を創られたのではない。神は、七百万のチェコ人によって監視され、彼らの憲兵気取りの仕打ちを受け、暴行を加えられるために、三百五十万以上のドイツ人（ズデーテン・ドイツ人を指す」を創られたのではない。かの国の状態がもはや我慢ならぬものになっていることは、世界中に知れ渡っているのだ」というのは、そのクライマックスの一節である。

ズデーテン・ドイツ人は、このヒトラー演説を反乱の合図とみなした。ズデーテン地方に騒擾《そうじょう》が多発する。チェコ政府は、ついに戒厳令を布告、軍隊を派遣して治安を回復した。これに対し、ヘンラインは政府との交渉を拒絶し、ズデーテンのドイツ復帰を公然と要求する。かかる行為は国家反逆罪にあたるから、ヘンラインは逮捕をまぬがれるため、すぐさまドイツに亡命した。すなわち、ドイツならびにドイツに使嗾《しそう》されたズデーテン・ドイツ人対チェコスロヴァキアという構図は、誰の目にもあきらかになったのだ。

まさしく、戦争一歩手前である。

とはいえ、ヒトラーとドイツは、必ずしも百パーセントの自信を以《もっ》て、かかる行動に出たわけではない。先に指摘した通り、ドイツ陸軍は危惧を抱いていたし（ベック参謀総長は抗議の意を表するために、八月十八日辞職）、ヒトラーでさえも、チェコ侵攻の前提は英仏が介入しないことだとしていた。

そのためにこそ、ドイツは、日本との同盟を急いでいた。英仏が動けば、極東でも紛争に巻き込まれるぞと、手かせ足かせをはめるためだ。九月二日のリッベントロップの大島に対する、やや焦りさえ感じさせる発言を想起されたい。たしかに、チェコスロヴァキア侵攻開始は十月一日に予定されていたから、それまでに、かたちだけでも日独同盟を結んでしまえば、英仏牽制の目的は果たせるのだった。

しかし——侵略の時刻表は、思わぬ狂いを生じることになる。

イギリスのネヴィル・チェンバレン首相が、大国間の国際会議という腹案を抱いて、調整に乗り出したためである。

ミュンヘンの一時停止

すでに英仏では、チェコ情勢の悪化にともない、イギリス、フランス、ドイツ、イタリアの関係四大国で会議を行い、問題を解決すべきだという主張が台頭してきていた。なお、共産主義の大国ソ連が、大きな利害関係を持っているにもかかわらず、体制のちがいゆえに排除されていたことは、のちの国際関係の展開の上で重要な伏線となる。が、それは、ひとまず措《お》こう。

かかる国際会議の序奏となったのは、それに反対する議論も少なくないことに鑑《かんが》み、チェンバレンが打った、思い切った手であった。九月十三日、チェンバレンは、事態を打開するためにドイツを訪問し、頂上会談を行いたいと、ヒトラー宛てにメッセージを送ったのである。六十九歳になんなんとする大英帝国の宰相が、自らに会いに来たいと申し出てきたことに、独裁者は驚き、そして虚栄心を満足させたことだろう。

　九月十五日、チェンバレンは、空路ドイツに向かい（彼が飛行機に乗るのは、このときが初めてだったという）、ヒトラーが待つベルヒテスガーデンの山荘を訪ねた。ヒトラーは二十も年上の老政治家に対し、おのれが遂行してきた外交について一方的に長広舌を振るった。あげくに、ズデーテン・ドイツ人の帰属は、民族という、自分の思想の根幹にかかわるものであるから譲れないとした上で、そのためなら世界戦争をも辞さないと恫喝《どうかつ》したのである。

　これに対するチェンバレンの答えは、怒りと諦念《ていねん》にみちみちていた。

「われわれのあいだで話し合いが終わるのも待たないで、総統が武力に訴えて問題を解決する決意を固めておられるのなら、なぜ私をここにお呼びになったのか。私としては、まったく時間の無駄をしたものです」。

　しばしば宥和主義によって国を誤ったとされるチェンバレンではある。さりながら、ここまで平和を維持する努力をないがしろにされれば、凄《すご》みのあるせりふの一つも吐かずにはいられなかったのであろう。

　はたして、ヒトラーはひるんだ。ふいに、くだくだしいおしゃべりを止め、イギリスは、民族自決権に基づき、ドイツへのズデーテン地方割譲を認めるのかと、初めて核心に触れる質問をしてきたのである。チェンバレンは、本国で内閣にはかり、かつフランスとも協議しなければならないとして、即答を避けたが、個人的にはズデーテン割譲に同意であると応じた。ついで、イギリスの正式回答を受け取るまでは、軽率な行動に出ないことを約束してほしいと求める。ヒトラーは嬉々《きき》として同意し、ベルヒテスガーデンの頂上会談は終わった。

だが、ヒトラーは本当に、ズデーテンだけで満足するつもりだったのだろうか？

むろん、ちがう。それが証拠に、チェンバレンと会った二日後の十七日にヒトラーは、チェコとのあつれきを拡大することを狙った「ズデーテン義勇兵団」（ズデーテン・ドイツ人の志願者を集めた部隊）の編成を許可しているし、また十八日には三十六個師団で構成されるチェコ侵攻軍に開進（作戦展開）計画を通達しているのである。おそらく、ヒトラーは、チェンバレンの言葉を、ドイツの開戦理由を正当化するのにうってつけの申し出ぐらいにしか思っていなかったのだろう。

ところが、対するチェンバレンは真剣であり、骨身を惜しまなかった。チェコにズデーテンをあきらめさせることによって、ヨーロッパの平和を回復させようと、閣僚たちを説得、フランスと協議して、ついに九月十九日、いわゆる「英仏案」の両国政府による承認にまでこぎつけたのである。この「英仏案」は、ズデーテン地方をドイツに割譲させる代わりに、イギリスがチェコの新しい国境を保障する内容だった。

英仏から、かかる解決案を突きつけられたチェコ政府は、当然拒否した。けれども、イギリスからは「英仏案」を承認しないのなら、チェコになどもう関心は持たないと脅され、フランスからは、拒否し続けるなら単独でドイツと戦うはめになるぞと凄まれては、抵抗し続けることなどできるはずもなかった。

なるほど、英仏とちがい、ソ連だけはチェコ援助を表明してくれた。二十一日、他国の外相にあたる役職、「外務人民委員」をつとめていたマクシム・リトヴィノフは、ジュネーヴの国際連盟総会で演説し、ソ連はチェコに対する支援義務をあくまで守ると明言したのだ。しかし、当時、ソ連・チェコ間に結ばれていた相互援助条約は、フランスとチェコの条約が発動された場合にのみ、効力を発揮すると定められている。言い換えれば、フランスがそっぽを向いているかぎりにおいては、ソ連はチェコ問題に介入する根拠を失うのだった。加えて、ソ連とチェコの国境は隣接しておらず、軍隊を差し向けるには、ルーマニアか、ポーランドの領土内を通過する許可を得なければならないが、両国とも、そんなことを認めるとは思えなかった。

かくて、九月二十一日、チェコは英仏案を受諾した。この中欧の小国は、自らの運命を、他国の裁定にゆだねることになったのである。以後、再びドイツを訪れたチェンバレンとの会談において、ヒトラーが前言をひるがえして強硬姿勢を示したり、それに対応するために英仏が軍隊を動かしたりと、危険な局面があったものの、最終的にはイタリアの独裁者、頭領《イル・ドゥーチェ》ベニート・ムッソリーニの協力を得て、チェコ問題は英仏独伊の四国による会議によって解決されることになった。フランスの部分動員やイギリス海軍の動員といった報《しら》せにより、欧州大戦にエスカレートすることなく、チェコだけを対象とする局地的な戦争によって、同国を征服できるとしていたヒトラーの確信がゆらいだのだ。

こうして九月二十九日から三十日にかけて開かれた会議、いわゆる「ミュンヘン会議」自体については、詳述する必要もあるまい。南ドイツの大都市ミュンヘンに集ったヒトラー、チェンバレン、ムッソリーニ、そしてフランス首相エドワール・ダラディエは、チェコのズデーテン地方ほかのドイツ系住民が多数を占める地域をドイツに割譲し、その代償として、残りの領土を保障すると取り決めたのである。

ちなみに、ミュンヘン会議に招かれた四か国の言語、つまり英独仏伊語をすべて解したのはムッソリーニだけであり、そのため、彼が会場（現在では音楽大学の教室となっている）の四隅に陣取った代表団のあいだをちょこまかと行き来しては、それぞれの主張や見解を伝える、コミカルであると同時にグロテスクでもある光景が展開された。

ともあれ、ヒトラーにとって、ミュンヘン会議の決定が不本意なものであったことはいうまでもない。彼の眼からすれば、英仏が傍観しているあいだにチェコスロヴァキアをわがも

ミュンヘン会議。左からチェンバレン英首相、ダラディエ仏首相、ヒトラー、ムッソリーニ

のとするはずだったのに、そのもくろみをチェンバレンに阻止された態《たい》になるからだ。ミュンヘン会議直後、ヒトラーが側近に「あのチェンバレンという男が、私のプラハ入城をだいなしにしてしまった」とこぼしたというエピソードは、そうした意図を如実に物語るものであったろう。

いずれにせよ、ヒトラーには、ズデーテンを得た程度の成果で満足するつもりはなかった。ミュンヘンは一時停止にすぎない。かろうじて独立国の体裁をたもっているチェコ（ドイツ側は、「残余チェコ」なる露骨な表現を使っている）、そのあとはポーランド……領土拡大の野望はつよまるばかりである。

なれど、それを実現するためには、英仏の介入を阻止してくれる同盟国、すなわち日本が必要だった。

役者の交代

ここで、やや時系列をさかのぼる。

ヒトラーの侵略外交によってヨーロッパが揺れていたのと同じころ、東京では、一九三八（昭和十三）年九月前半、正式交渉のために日独伊三国条約の案文をつくるべく、外務省と陸海軍の主務者たちが討議を重ねていた。八月二十六日の五相会議決定を受けて、ソ連のみを対象とする防衛的な条約案を通そうとする外務省に対し、陸海軍はソ連以外の第三国をも含むものとしたいと反対し、結局はまとまらなかったのだが、ここで注目すべき点がある。

陸軍のみならず、海軍までも（しかも、軍政を担当する海軍省ばかりか、軍令、つまり作戦面のことをつかさどり、外交にくちばしを挟む権限がないはずの軍令部までも意見書を出していた）、ソ連以外の第三国の一国または二国以上に攻撃された場合には、「兵力的援助」について協議すると定めるべきだと主張していたのだ。あきらかに、英仏を意識した見解である。しかるに、すでにみたごとく、米内をはじめとする海軍省のトップは、同盟の対象はソ連に限るとの姿勢を堅持していた。かかる矛盾は、どこから生じたのか。

むろん、米内光政・山本五十六・井上成美のトリオ以外、海軍省や軍令部の中堅将校たちの多くは親独派であり、隙あらば独伊と結ぶ方向に持っていこうとしていたから、そうした下克上的風潮が作用していることは間違いない。かような空気をよく伝えていると思われる記述を、井上の回想「思い出の記」から借りることにしよう。

「当時の第一課長は岡敬純、主務局員は神《かみ》（重徳《しげのり》。ファナチックな言動で知られ、「神さん神がかり」などと揶揄《やゆ》されていた人物）中佐、いずれも枢軸論者の急先鋒《きゅうせんぽう》で、既に事務局内で課長以下と局長と意見が反対なのだから、誠に仕事がやりにくい。ある時、外務省から照会してきた問題（内容は忘れた）に対する回答の件につき、神君が直接私の室へ来て、『私はあんな事を外務省に言って行くことなんか出来ません』と言って来た。そこで私は静かに『君は軍務局の何だったかな』と言うと、神君は『局員であります』と答える。私は、『私は局長だよ、局長は局員を指図できるんだよ、君が局長の指図に従わないと言うなら、私は君を、局長の指図に従う人と更《か》えるよ』というと、神君神妙になり『外務省に行きます』」……。当時の局長が、部下に言うことを聞かせるために、更迭《こうてつ》をちらつかせなければならない。海軍中央がどういう状態にあったかを、ヴィヴィッドに描いた挿話ではある。

さて、一方外務省においても、この間に重大な変化が起こっていた。九月二十九日、外務大臣宇垣一成が、突如辞任したのだ。表向きは、軍部・企画院が、外務省の権限の一部を奪うことになると知りながら、対中国政策統合のためと称して、中央機関「興亜院《こうあいん》」設立を要求したことへの抗議の意思を示すためということになっていた。けれども、真の動機については、近衛首相との不一致とか、宇垣が進めていた和平工作が陸海軍によって邪魔されたことに怒ったとか（興亜院設立は、そのために外務省の権限を削《そ》ぐことを狙って持ち出されたという）諸説があり、はっきりしない。

たが、むしろ重要なのは、宇垣の辞任後、有田八郎が外務大臣に再任されたことだろう。たしかに有田は、日独防共協定のころにはドイツとの提携に賛意を表していたものの、それは、あくまでソ連と共産主義を対象とする「薄墨」の協力にほかならなかった。軍事同盟のように、幾重にも「墨」を塗ることには疑念を抱いていたのである。実際、有田は、宇垣が外相だったころ、外務省顧問であったが、八月二十六日の五相会議の決定には不可解な思いを抱いていて、自らが外務大臣になった直後に関係者から事情を聞き、ソ連以外の国を対象とするものではないと確認している。以後、有田は、五相会議にあって、日独伊の軍事同盟に反対し続けていく。

ところが、逆のベクトルもまた作用していた。陸軍はかねて、大島武官を大使に格上げし、ドイツにおける日本の正式代表とするよう、外務省に働きかけていた。これには、ドイツとの接近に反対している東郷茂徳が駐独大使であったのでは、思うようにいかないとの計算があったらしい。こうした陸軍の要求に対し、外務省は、軍人大使は第三国に対し日本外交はやはり軍部が動かしているのかと疑念を抱かせるという理由で難色を示していた。

しかし、同様に大島が駐独大使に就任することを望むリッベントロップが、オット駐日武官を大使に昇格させ、一種のお手本を示して掩護《えんご》したこともあり、結局、この人事は実現することとなった。予備役に編入された大島は、十月八日、駐ソ大使に転出した東郷の後任として、駐独大使の椅子に座ったのである。

戦後、大島は、自分としては陸軍の現役でいたかったので、大使になることは固く辞退したが、参謀本部からの再三の説得があったので、やむなく受諾したと主張している。されど、当時ベルリンにあった海軍武官小島秀雄は、大島は日独防共協定強化をわが手で実現したいと希望していたから、大使になりたがっていた、その証拠に大島の補佐官だった石井《いしい》正美《まさよし》中佐が大島の大使就任に海軍武官として反対しないでほしいと頼みにきたことがあると、逆の証言をしている。

これ以前、そして、以後の大島の言動を考えると、後者の述懐のほうに、より多くの真実が含まれているように、筆者には思われるけれど、それはひとまず措こう。乗り気であったか否かは別として、大島がドイツ大使になったことにより、日独伊軍事同盟論が、より大きな推進力を得たのはたしかであるからだ。また、同じ意味で、九月二十二日、駐伊大使に、外務省きっての枢軸男として知られた白鳥敏夫《しらとりとしお》が任命されたことも注目すべきであろう。

その意味するところはさまざまだったものの、外交の現場、東京・ベルリン・ローマで役者が交代したのである。

板垣食言す

このような情勢下、十一月一日に、ドイツ側が非公式に大島に提示した条約修正案が東京に送られてくる。リッベントロップは、日本大使が東郷から大島に替わるのを待って、新しいカードを切ってきたものと思われる。

ここで、その案文のすべてを検討するだけの紙幅の余裕はないが、重要なのは、対象国について「一もしくは多数の国」という表現が使われていたことだった。「一」は、もちろんソ連であるとしても、「多数の国」とは具体的にどこを指すのか。

十一月十一日、新ドイツ案を検討するために開かれた五相会議で、有田は問いただした。前任の宇垣外相から引き継いだところによれば、本協定は防共協定の強化であり、ソ連のみを対象とするもの、英仏に向かうものでないという。その理解でかまわないか、と。

池田蔵相と米内海相は、そくざに「その通り、間違いなし」と答え、近衛総理も「さように了解している」と応じた。ところが、板垣陸相は、奇妙な反問をなした。自分もそうだと考えているけれど、たとえばフランスが赤化したような場合は、この協定の対象となるだろうかと尋ねてきたのである。有田も、総理以下ほかの大臣も、「それは、その通りだ」と、異口同音に答えた。

板垣、あるいは陸軍の、巧妙なトリックだったといえる。当時、「赤化」、つまり共産主義化は、ごく一部の左派インテリや日本共産党員を除けば、おおかたの日本人にとって、嫌悪と恐怖の的である。これを持ち出せば、「皇室の藩屏《はんぺい》」である華族の頂点にいる近衛はもちろん、他の大臣たちもちがうとはいえない。というよりも、ほとんど反射的に、「それは、その通りだ」と反応したものであろう。が、こうして言質《げんち》を得たことにより、ソ連と協同した国は英仏だろうと同盟の対象になるという含みが残ったことになる――。

その深甚なる影響はおいおい述べるとして、五相会議の決定を得た有田は、十二月一日、ドイツ案に対する日本案を陸海軍の事務当局に提示した。ポイントは、武力援助を与える条件に、ソ連が単独、または第三国と協同して攻撃してきた場合に限る、言い換えれば、英仏は対象としないと確認することにあった。

ところが、この案に対し、海軍省軍務局第一課の神中佐や藤井茂《ふじいしげる》中佐、軍令部第一部の横井忠雄《よこいただお》大佐らは、イタリアと同盟する目的は、イギリスの牽制だから、英国を対象にしないと同意できないと言い放った。ために、有田は、翌二日に米内と会見し、下のものが反対しているが、先の五相会議の理解でよいのだろうなと確認、海相は了解事項を鉛筆で記した書き付けを急ぎ外相に渡すありさまだった。

このあたり、海軍が一丸となって日独伊軍事同盟に反対していたのではなく、「左派トリオ」だけが必死になっていたのだという事情を、よく伝えている。人望もあれば、統率力もあるはずの米内でさえ、ちょっと眼を離せば、下僚が反対の方向に走り出してしまうのである。

一方、出先の反対も激しかった。十一月二十四日、有田は、本協定はソ連が主たる対象で、英仏はソ連と結んだ場合にのみ対象になるという旨の電報を、ベルリンの大島に打つ。本国は、ソ連のみならず英仏をも仮想敵とする同盟に賛成したとばかり思い込んでいた大島は激怒し、十二月五日、こんな重要な政策が二、三か月で変更されるとは了解できぬ、独伊側にも非公式ながら英仏対象と通告してしまったとする電報を本省に送った。それより先に、話がちがうと反発をあらわにしたイタリア駐在陸軍武官有末精三大佐よりの抗議電も、十二月一日に東京に届いていた。

こうした情勢下、十二月九日の五相会議で、有田が、国策に変化なし、英仏は協定の対象とならずという意味の回訓を出先に送ろうとはかったところ、陸軍が反対する。ソ連は主たる目標であるけれど、ソ連以外の国を対象国として除外するものではないとしたのだ。さらに、十二月十三日と十四日に、近衛首相が風邪で欠席したために、四大臣のみで開かれた会議において、板垣陸軍大臣は、八月二十六日の決定は、ソ連を主、英仏を従たる対象とするものと理解していると言い出したのである。この臆面《おくめん》もない豹変《ひょうへん》に、他の大臣たちは驚き、陸相の主張は誤っていると口々に否定した。なのに、板垣は、同じことを繰り返し、いっこうに要領を得なかったので、四相会議は何らの決定を下すこともできずに閉会した。

いうまでもなく、板垣は陸軍内部の突き上げを受け、強弁にすぎないことを承知で、英仏も対象にすると頑張ったのである。このころ、五相会議の前には、陸軍省と参謀本部の幹部が陸相官邸に集まって会議を行い、陸軍の意思統一、というよりも、板垣のネジを巻くのが常であった。板垣は、こうした圧力を受けて、十二月中旬の四相会議で、筋の通らぬ主張をなしたものであろう。かような事情を示す参謀将校たちの証言を引用する。

「これは板垣さんには申しわけないんだが、あの方は〝作戦会議〟でみんながおぜん立てしても全部失敗して帰って来るんです。するともう、みんながっかりしちゃうんだ。板垣さんは性格がさっぱりしてるというのか、政治性がないというのか、ともかく外務大臣や海軍大臣にすっかりやられて戻って来る、ほんとうに、なんのためにみんなが献策してんのかわかんなかったですよ」（西郷従吾。当時少佐で参謀本部ドイツ班長）。

「板垣さんは、あんまり頭のいいひとではなかったが、一生懸命勉強していましたね。五相会議がすんで、板垣さんが帰ってくるとまたみんな集まって大臣から会議の模様を聞くわけです。板垣さんというのはざっくばらんな人で、ああだ、こうだと全部話してくれる。わたしはそれを聞いて参謀本部へ帰り、海軍の作戦課と連絡してみるんです。そしたら板垣さんがわたしらにいったことと、米内さんが海軍に説明したことと違っていることがよくあるんです。あれっ、そんな話じゃないぞ、ということになってまたすったもんだです」（稲田《いなだ》正純《まさずみ》。当時大佐で参謀本部作戦課長）。

「会議に入る前にわたしが陸軍の案を『こうですぞ』と書いて板垣大臣にお渡しする。大臣はそれを持って会議室に入られるんだが、ラチがあかんようなんです。会議の途中でわからないことがあると『ちょっと便所へ行ってくる』と部屋を出て、わたしのところへツカツカやってきて平気な顔で『ここはどうだったかな』なんて聞かれる。『これはこうです』と説明すると、『あっ、しまった』なんて頭をかかれることがよくありましたよ」（辰巳栄一。当時大佐で参謀本部第二部欧米課長）。

統制どころか、板垣が、政府と陸軍の板挟みにあって右往左往しているしかなかったようすが、明瞭《めいりょう》に見て取れるであろう。あまりのことに驚くばかりだが、このような人物が、日独伊三国同盟などという重要な交渉において、大きな発言力を持っていたことは、まぎれもない事実なのである。

いずれにしても、陸軍を代表する板垣がこんな調子だから、協議が進むはずもなかった。その後も、近衛欠席のまま、何度か四相会議が開かれたものの、板垣が孤立しながらも英仏対象論に固執するという構図が続き、協議は空回りしたままであった。そこに生じたのが、明けて一九三九（昭和十四）年一月四日の、近衛内閣総辞職という爆弾だ。

近衛文麿というひとは、それ以前にも、しばしば辞意を洩らすことがあった。おのれの政治理念に潔癖といえば聞こえはいいけれど、現実が理想と合わなくなると、投げ出してしまうのである。「可能性の術」である政治に携わるには不向きの性格であろう。このときも、自ら推進していた対中和平工作はうまくいかず、「防共協定強化交渉」では陸軍と揉めっぱなしで、嫌気がさしてしまったものか。

どうどうめぐりの交渉

こうして、ひとまず表舞台を去った近衛の後任として、組閣の大命を拝したのは、平沼騏《ひらぬまき》一郎《いちろう》だった。検事総長や大審院長（現在の最高裁判所長官に相当）を歴任した司法畑出身の政治家で、国粋思想の持ち主として知られた人物である。ならば、反共を唱える独伊との同盟に全面的に賛成したかといえば、必ずしもそうではないから、歴史というのは面白い。

平沼は、思想的には防共同盟おおいに結構と称してはいたけれども、日本の力により英仏の勢力を極東に牽制することをもくろむ独伊のやりようは「覇道」であるとし、「防共協定強化交渉」も対ソ一本に絞るつもりだったのだ。事実、平沼は、有田八郎に外務大臣として留任するように求めた際、日独伊同盟は対象をソ連に限るべきで、英仏を加えるようなことは適当でないと考えるとした上で、もし、この方針通りに行かなければ、ともに辞職しようではないかと明言したのだという。有田も、これを聞いて、引き続き外相の地位にとどまることを快諾したのだった。

しかし、この間に、ヨーロッパでは事態が進展していた。一月六日、ドイツは、日本とイタリアに、三国条約の新たな案文を渡してきたのである。イタリア外相ガレアッツォ・チャーノが、リッベントロップにムッソリーニが条約調印を望んでいると、一月二日付の手紙で伝えたためだ。日本にとってみれば、笠原携行案から数えて、三番目にもなる提案だ。しかも、今度はヒトラーの承認を得た正式の案文で、チャーノの調印に合わせて、一月二十八日から三十一日のあいだにベルリンを訪問してほしいとの要望まで付されていた。この第三ドイツ案は、内容的には、締約国同士、攻撃された場合には、お互いに「あらゆる使用し得る手段をもって助力と支援を与うる義務を有す」とある通り、武力援助と参戦義務を定めていたし、対象国も「本条約に加入しおらざる一国またはかかる数国」と、英仏をも念頭に置いていることは明白だった。

この提案への日本側対応を定めるにあたり、有田は、陸軍の強硬論の出所は参謀本部や陸軍省の中堅将校であるとにらみ、一月なかば、彼らと意見交換した。そこで、協定の対象はソ連だが、場合により英仏も含む、その場合、軍事援助を与えるかどうかは状況によるという妥協案をつくった。対ソ限定論の有田としては大幅な譲歩であるが、陸軍を抑えるためにはやむなしと決断したのである。

この妥協案は、一月十七日と十九日の五相会議（首相の平沼、そして新たに大蔵大臣となった石渡荘太郎《いしわたそうたろう》以外、陸相、海相、外相は前内閣から留任していた）で、米内の反対を押し切って、了承されることになった。この急展開の理由について、有田は、大島が武官時代にすでに英仏をも対象に加えた同盟に賛成してしまっていたこと、しかも国内の政治情勢からしてもそれは無視できないと判断した結果だったと戦後に回想している。

さて、有田外相は、日本はこれ以上譲歩しないとの姿勢を独伊に伝えるには、電報では意を尽くせないとし、外務省で公使の資格のまま大臣の特命事項処理にあたっていた伊藤述史《いとうのぶみ》、陸軍の辰巳栄一参謀本部第二部欧米課長、海軍の阿部勝雄《あべかつお》軍令部第三部長（少将）から成る使節団を独伊に送ることにした。

ところが、二月末にベルリンに到着した伊藤使節団に、大島とローマから駆けつけた白鳥駐伊大使は、激烈な反対論をぶつける。ソ連、またはソ連を含む数か国が攻撃してきた場合には武力援助義務をみとめるが、ソ連が関与していないときには攻撃国が赤化していないかぎり、それは行わないと説明した伊藤に対し、大島は、そんな案ではドイツ側は受諾しないとし、訓令実行は見合わせると突っぱねた。さらに、三月四日には白鳥との連名で、場合によっては英仏を対象としないとする秘密了解事項の削除を求めた。呆《あき》れた訓令違反であり、恣意《しい》専横である。

三月十三日、大島・白鳥の「造反」に対する処置を定めるべく、五相会議が開かれた。ここでは、独伊側が日本の提案に応じない場合に備えて妥協案をつくることにこだわる板垣陸相と、一月十九日の原則を守るべきだとする有田外相のあいだの対立が解消されぬままに終わる。が、続く三月二十二日の五相会議では妥協がなされ、秘密了解事項は撤回、ソ連を対象とする場合にはもちろん武力援助を行うが、それ以外の第三国と紛争になったときには、日本側の事情からみて当面武力援助は実施し得ないとする細目協定をつくることを条件に、妥協案付きの回訓案が了承された。

この妥協案が決定した直後、昭和天皇に拝謁した平沼は、防共協定強化問題で大島・白鳥が訓令に従わぬ場合にはどうするか、これ以上協定内容を変えることはないかとご下問を受けた。平沼は、彼らが従わぬ場合には本国に召還、内容についても有効な武力援助はできないという趣旨で細目協定を決すると答えた。が、昭和天皇は、さらに「有効なる武力援助とは何か」と迫る。

平沼は、独伊と協定を結んでいる以上、局外中立というわけにはいかないけれども、シンガポール（当時イギリス植民地）やヨーロッパを攻撃するようなことはできないと確認せざるを得なかった。にもかかわらず、天皇は満足せず、奉答の内容を文書にし、五相が署名した念書にして提出するよう要求した。きわめて異例の事態であり、昭和天皇のただならぬ憂慮のほどを示しているといえよう。

以後の流れは、あまりに煩雑《はんざつ》にすぎるので、年表風に簡単にまとめておこう。


三月末、本省から回訓を受けた大島・白鳥は、原案通りの交渉を行うことなく、独伊に妥協案を提示。これは、あきらかな訓令違反だったから、両大使を更迭せよとの意見が強くなったけれど、陸軍の支援により召還ならず。

四月十四日、有田外相は交渉打ち切りを提案するも、板垣陸相の強硬な反対により、決定に至らず。

五月四日、平沼総理より、独伊がソ連以外の第三国に攻撃された場合、日本は両国に政治的経済的ならびに可能な範囲の軍事的援助を与える決意があるが、近い将来軍事的援助を実行する状態にないとする旨のメッセージが独伊に出される。日本側としては、もちろん参戦は不可能と示唆したつもりだった。されど、ドイツ側は、大島が反対のことを即答したのを受け、日本は軍事援助が不可能な場合でも参戦すると解釈する。

同じころ、ドイツ外務省条約局長フリードリヒ・ガウスが、日本の立場を取り入れて作成した「ガウス案」が、日本側に提示される。

これらの事象の陰に、陸軍、外務省、海軍のあいだでの無数の駆け引きがあったことはいうまでもあるまい。その焦点となったのは、つきつめれば二点、日独伊三国同盟の対象に英仏を含むか、参戦義務はあるのか、だった。

また、ドイツ側が、要求の手を緩めなかった背景には、欧州においてヒトラーが侵略を再開したことがある。一九三九(昭和十四)年三月十五日、ベルリンにチェコスロヴァキア大統領エミール・ハーハを呼びつけたヒトラーは、彼に、チェコ国民の運命を総統にゆだねるとした文書に署名するよう強要した。同席したドイツ空軍総司令官ヘルマン・ゲーリングに、美しい街プラハを爆撃で潰滅《かいめつ》させてやるぞと脅されて、ハーハが卒倒したという有名なエピソードは、このときのことである。結局、ハーハは同文書に署名、同日ドイツ国防軍は彼らのいう「残余チェコ」に進駐した。チェコスロヴァキアは無抵抗のうちに、地図上から消滅させられたのだった。

つぎなるヒトラーの目標は、東の隣国ポーランドだった。大義名分を立てるにあたっては、例によって、民族自決権が濫用《らんよう》される。オーストリアやチェコスロヴァキアで有効だと証明された処方箋《しょほうせん》だ。

しだいにポーランド在住のドイツ系住民が政府より迫害を受けているとのプロパガンダが強化されるなか、リッベントロップ外相はポーランド政府に、前年秋以来提示されてきた要求を、あらためて突きつけた。ヴェルサイユ条約の規定によりドイツから切り離され、国際連盟の管理下に置かれていた（実際には、ポーランドが大きな権限を有していた）ダンツィヒ自由市（現グダニスク）を返還し、さらにダンツィヒとドイツ本国を結ぶ鉄道ならびに自動車道路を建設、これに治外法権を認めよというのである。この外交圧力の陰で、四月三日には、対ポーランド軍事作戦準備を命じる総統の指令が出されている。

しかし、今度ばかりは英仏も黙っていなかった。三月三十一日、チェンバレン英首相は英仏の対ポーランド援助を保障する。四月六日には、参戦義務を有する相互援助条約を英とポーランドのあいだで締結すると、声明が出された。つまり、ドイツが、これ以上侵略を続けるなら、第二の欧州大戦を覚悟しなければならない情勢になったのである。

もとより、ヒトラーは、この段階で英仏を敵にまわすことなど望んではいない。なんとしても、両国を局外に追いやり、ポーランドを孤立させなければならないのだ。五月二十二日、ついにイタリアとの軍事同盟、いわゆる「鋼鉄同盟」を結んだのも、そうした意図があるからだった。いうまでもなく、英仏がポーランドに介入しようとするなら、自動的に地中海でイタリアと対決することになるという事実を示して、手を引かせるのが狙いである。

けれども、地中海やアフリカでイタリアを動かすだけでは、まだ足らなかった。だからこそ、イデオロギー的にはゲルマン民族よりも劣るはずの黄色人種の国、日本と結ぶことによって、極東においても英仏を牽制しようともくろんだのだ。

だが、日本人は、いつ果てるともしれない議論を続けるばかりで、いっこうにドイツの希望を満たす気配を見せない。

ならば、日本以外の、英仏を抑えることが可能な大国を、新しい同盟国に――。

一九三九年初夏、ヒトラーの視線は日本を離れ、別の国に注がれつつあった。

板垣の「工作」

かくも欧州情勢が激変しているのに、六月から八月にかけて、東京では、相も変わらぬ小《お》田原《だわら》評定が続いていた。ただ、特筆すべきは、米内以下の「海軍左派トリオ」が断固として、英仏に対する即時参戦義務を伴う同盟に反対し、かつアメリカが対独感情を悪化させている以上、ドイツと結ぶことはアメリカと争うことになりかねないと警告し続けたことである。

米内が、蔵相から米英との戦争に見込みはあるのかと問われ、見込みなどなし、日本海軍はそんな戦争をするように建造されてはおりませんと、きっぱり回答したのは、このころのことだ。軍人が必敗論を唱えたというのだから、たいした度胸である。

しかも、当時の海軍首脳部は、単なる論難のみならず、テロの危険にもさらされていたのだから、なおさらだ。もっとも、その場合、主たる標的として狙われていたのは、海軍次官山本五十六のほうである。日独同盟が実現しないのに業を煮やした陸軍は、機密費を使って手なずけておいた、いわゆる右翼勢力を使って、反同盟勢力の中心と目されていた山本を脅迫させていたのだ。山本のほうは、わが身のことなど頓着《とんじやく》しなかった。「一死君国に報ずるは素《もと》より武人の本懐のみ。豈《あに》戦場と銃後とを問わんや」ではじまる、有名な遺書を書いたのも、かかる情勢下だった。

陛下と祖国のために死ぬのは、軍人たるもの、もとより望むところ。戦場であろうと、平時の持ち場であろうと同じことである——。

大島浩や板垣征四郎の言動と比べ、そのみごとな覚悟に感服せざるを得ない。

ちなみに、最近では、かつての「海軍善玉論」に対する反動なのか、米内・山本・井上に対する批判も激しくなっている。とりわけ山本と井上については、太平洋《たいへいよう》戦争に突入してからの作戦指揮をあげつらい、なかには愚将呼ばわりする向きさえあるほどだ。

しかし、対米戦を敗北必至の戦争と見抜き、それを強いるような状況におちいること、すなわち独伊との軍事同盟を阻止しようとしたことは、単なる作戦レベルでの指揮の巧拙よりも、はるかに高い次元での判断力を示したものであろう。ゆえに、筆者は依然として、この局面での米内・山本・井上は評価されるべき大きな働きを示したものと考える。

さて、こうして五相会議が海軍の抵抗により膠着《こうちゃく》状態におちいっているあいだに、欧州のみならず、極東においても緊迫が高まっていた。たまたま四月九日に起こった天津親日派の要人暗殺を直接の契機とし（イギリスは、英国租界に逃げ込んだ犯人を日本側に引き渡さなかった）、六月十四日に現地の陸軍部隊が天津イギリス租界を封鎖、両国の関係は一気に悪化した。また、日中戦争勃発以来、在中権益が侵害される事件が多発したことから、経済制裁を加えることを検討していたアメリカのローズヴェルト政権が、七月二十六日、日米通商航海条約の廃棄を通告、日本政府に衝撃を与えている。

かかる状況の変化に直面し、日独伊三国同盟は英米との戦争につながるという危惧は現実味を帯びてきたと思われたが、陸軍は一歩も引かなかった。五月中旬、陸軍省や参謀本部に、ドイツとの同盟は必要不可欠と確信させる国境紛争、ノモンハン事件が勃発したためである。満洲国西北の国境が確定されていなかった地域で生じた日ソ両軍の小競り合いは、双方ともに大兵力を投入した本格的戦闘に拡大し、日本陸軍にソ連の脅威を実感させるに至っていた。

ゆえに、陸軍の代表板垣は、八月八日の五相会議で、いっさいの留保なしに至急独伊と同盟を結ぶことを強硬に主張する。されど、対英米関係をこれ以上悪化させることを望まぬ平沼以下、他の四大臣は、誰一人として耳を貸そうとしなかった。

かくて、五時間以上も続いた会議が、何の進展も生み出すことなく終わったのちに、板垣は、破天荒な一挙に出た。十日、軍務局長町尻少将をオット独大使とジャチント・アウリーティ伊大使のもとに派遣し、陸軍大臣口供書を手交させたのである。

その書き出しが振るっている。「陸軍は八月八日五相会議において同盟のため奮闘せるも、六月五日の日本側提案以上何らの進歩を示さざりき」。誰のために「奮闘」したのかとまぜっかえしたくなるが、板垣はさらに最後の手段として辞職を申し出てみると述べ、これは大島・白鳥の辞任にもつながるであろうとした。

板垣の意図は一応、この強力な切り札を突きつけることにより独伊に譲歩を強いること、つまり両国が日本の妥協案に対して冷淡であり続けるなら、日本政府内の親独派は消えてしまうぞと揺さぶりをかけることにあったと推測される。それは、使者となった町尻が、板垣が辞職申し出をなす予定の八月十五日までに日本案を承認してくれるよう懇請したことからもわかる。

ただし、ほとんど実現の見込みがない提案であった。板垣一人の首ぐらいで、今さら独伊が動くわけもない。また、国内政治的にみれば、陸軍大臣の辞任は、当然政変のきっかけとなり、場合によっては内閣瓦解《がかい》にもつながりかねない。そうなれば、陸軍が政府を倒したとして、ごうごうたる非難を浴びるにちがいないから、そう簡単に言い出せることではなかった。事実、八月十五日になっても、板垣は辞職のことなどおくびにも出していない。

では、板垣の真の狙いは、どこにあったのか。当該時期の日独関係について大著をものしたドイツのジャーナリスト、テオ・ゾンマーは、うがった見方をしている。板垣の申し出は、国民と、ぜひとも三国同盟を実現せよとせまる陸軍中枢の将校たちに対して、これ、この通り、職を賭《と》してまで努力したのですよと釈明するためのアリバイ工作だったというのである。もし、そうだとすれば、板垣もまた、三国の軍事同盟がもたらすことを真剣に考えることもせず、おのれの保身をはかったことになる。使者となった町尻も、相手をしたオットやアウリーティもいい面の皮だったろうが——。

そうして、板垣が幕間劇を演じているあいだにも、ヨーロッパでは、秘密裡に、本当の大芝居が打たれようとしていた。日本にとっては、世紀の背信となる独ソ不可侵条約である。

独ソ不可侵条約締結の経緯については、ドイツの機密外交文書が連合国に押収されたこともあって、戦後の早い時期に、かなりの部分が解明されている。なかでも、アメリカの外交史家ガーハード・ワインバーグの『ドイツとソ連　一九三九～四一年』は、今日なおスタンダードとされている研究である。ちなみに、ワインバーグが防衛省防衛研究所戦史部（現戦史研究センター）の招きに応じて来日した際に直接うかがったところによれば、彼は米占領軍の一員だったとのよしで、日本とも縁がないわけではない。

閑話休題、このワインバーグの著作ほかをもとに、独ソ接近のもようを素描してみよう。

そもそもの起源は、ミュンヘン会議に招待されず、局外から傍観しているしかなかったソ連、そして、赤い独裁者ヨシフ・ヴィサリオノヴィッチ・スターリンの焦慮だったろう。ミュンヘン会議で英仏がドイツにズデーテンを分け与えるさまを見たスターリンは、彼らは、ヒトラーをソ連にけしかけるつもりなのだと理解した。だからこそ、英仏は、ソ連をミュンヘン会議に加えなかったのだし、チェコスロヴァキアが犠牲になることも傍観していたのだとみなしたのだ。

となれば、たとえ相手がヒトラーであろうとも、その好意を取りつけて、ドイツの攻撃がソ連に向かないようにしなくてはならない。根っからの現実主義者スターリンが、そう決めたとしても無理はなかった。それは、いわば権力政治《パワー・ポリティクス》のルールに従った決定だったのである。

とはいえ、昨日まで不倶戴天《ふぐたいてん》の敵だったドイツ・ファシストとの和解だ。スターリンは、慎重が上にも慎重に動いた。

一九三九（昭和十四）年三月十日の第一八回ソ連共産党大会におけるスターリン演説を注意深く分析していた各国のソ連専門家たちは、ある変化に気づいたはずである。というのは、従来、スターリンは資本主義国家のすべてを激しく非難していたのに、この演説で攻撃されたのは英仏のみだった。そればかりか、対ソ戦を開始する代償として、英仏はドイツにチェコの諸地域までも割譲したと断言していたのだ。

ついで、約二か月後の五月三日、ソ連外交の責任者であるリトヴィノフ外務人民委員の更迭により、スターリンは今一度、ひそやかに意思表示をなした。リトヴィノフは、英仏を含めた集団安全保障を通じてドイツを封じ込める政策を進めてきた人物でもあり、かつヒトラーの嫌うユダヤ人だったから、その解任が意図するところは明白だったのである。後任には、スターリンの腹心であるヴャチェスラフ・モロトフが据えられた。

五月二十日、新外務人民委員とはじめて会見したドイツの駐ソ大使フリードリヒ・フォン・デア・シューレンブルク伯爵は、独ソ経済交渉について議論した際、同交渉は政治的基礎がつくられた際に初めて再開し得るという、含みに富んだ言葉を耳にした。一方ベルリンでも、ドイツ外務省の東欧局長と駐独ソ連代理大使のあいだで、政治面での関係改善が論じられはじめた。

ヒトラーにとっては、願ってもない打診だったろう。彼にしてみれば、ポーランドを攻撃するにあたり、英仏を牽制してくれるのであれば、日本でなく、イデオロギー上の仇敵《きゅうてき》ソ連であろうと構わないし、同盟を結ぶにやぶさかでない。この生粋のマキャベリストは、最終的な目的が達成されるなら、その途上での変節や背信など、まったく意に介していなかったのだ。

五月二十三日、ヒトラーは国防軍首脳部を総統官邸に集め、ポーランド攻撃の決意を伝えている（それに先立ち、四月二十八日にポーランドとの不可侵条約は廃棄されていた）。このときのヒトラーの発言は興味深い。ポーランドとの戦いは英仏が介入しない場合にのみ成功するとしたヒトラーは、日本は当面冷淡な態度を取っているけれども、早めにロシアに対処するのは彼らにとってそもそも有利なことなのだとしつつ、謎めいたことを洩らしている。「ロシアに対しては、経済関係は政治関係が改善されたときに初めて可能になる……ロシアが、ポーランド崩壊に関心を持たぬというのも、あり得ぬことではない」。

このころには、ヒトラーもまだ日本とソ連を天秤《てんびん》にかけている状態だったと推測されるが、東京の逡巡《しゅんじゅん》、そしてモスクワとベルリンにおける独ソの急接近は、ついに独裁者にソ連を選ばせた。

八月十二日、駐独代理大使が、ソ連は独ソ協議に関心を抱いており、会議の場所はモスクワを希望していると申し出てきたのを受け、ヒトラーは、ただちに外務大臣リッベントロップに全権を託し、ソ連に派遣したのである。

欧州情勢複雑怪奇

もっとも、こうしたドイツ側の変化は、日本側に伝えられていなかったわけではない。たとえば、四月二十日（実際には、深夜、日付が変わってからのことだったので二十一日）、ヒトラー総統の誕生日を祝うレセプションに際して、リッベントロップは、秘密交渉が動きだしていることを、きわどいところまで洩らしている。場所は、ブランデンブルク門に近い高級ホテル「アドロン」であった。リッベントロップは、午前二時から別席を設《もう》け、大島駐独大使とローマより駆けつけてきていた白鳥駐伊大使に、総統が必要と考えるなら、ソ連との了解をためらう理由はないと告げた。日本との同盟が成らぬのならソ連と結ぶぞと、暗にほのめかしたわけだ。

しかし、日本側は、ナチズムのドイツと共産主義のソ連が手を結ぶはずがないと確信していたから、結果的には、まったくの不意打ちを食らうことになる。

最初に大島が、独ソ不可侵条約について知らされたのは、八月二十一日深更になってのことだった。リッベントロップは、ベルヒテスガーデンのヒトラー山荘から、自分はこれから独ソ不可侵条約締結のためモスクワに飛ぶと、電話してきたのである。驚愕《きょうがく》した大島は、深夜であったにもかかわらず、ただちに外務次官エルンスト・フォン・ヴァイツゼッカー男爵を自宅に訪ね、説明を求める。しかし、独ソ接近のことはすでにリッベントロップより伝えてあったし、ドイツは日本との友好関係を維持するつもりであると言われれば、大島も、とりあえずは引き下がるしかない。

翌二十二日、大島は、モスクワに向けて出発する直前のリッベントロップをつかまえ、ベルリンのテンペルホーフ飛行場で会見を行ったが、外相は日独伊三国協定が成立しない以上、ソ連を中立化するしかなかったと弁明するのみだった。この日の午後九時にテンペルホーフを飛び立ったリッベントロップは、二十三日のモスクワ到着後すぐにモロトフと交渉に入り、二十四日午前二時（条約書の日付は二十三日）、両国の国境の不可侵と、第三国と交戦した場合に他の締約国は中立を守ることを約した独ソ不可侵条約（加えて、秘密付属議定書には、東欧における独ソの勢力圏が定められていた）が締結されたのである。

ソ連を仮想敵国とする協定を結んでいた相手が、当のソ連と結ぶ。かくも背信的な行動を突きつけられては、もはや日独伊の軍事同盟など一場の夢にすぎなかった。八月二十五日、オット駐日大使を招いた有田外相は、ドイツのやりようは信義にもとると抗議する。一方、ベルリンの大島大使には、独ソ不可侵条約締結にともない、日独伊三国協定に関する交渉は打ち切りになったと了解する旨をドイツ側に伝えようとする訓電が送られた。

ところが、大島は、有田の抗議文を手交しに、ヴァイツゼッカー次官を訪ねはしたものの、後者から現在そんなものを渡せば日独関係を悪化させるばかりだと説得され、それを引っ込めてしまった。結局、大島が有田抗議文を外務次官に渡したのは、およそ三週間後の九月十八日のことになる。ヴァイツゼッカーは、もう大きな意味を持たなくなった、文字通り出し遅れの証文を、「個人として受理」したのだった。

このように、最後の最後まで、大使の職権を逸脱し、ドイツとの「友好」に励んだ大島がその地位にとどまれるはずもない。大島の辞任願いは受理され、軍人外交官は、いったんベルリンを去る。ローマの白鳥敏夫も同様で、九月なかば帰国の途についていた。

ただし、ドイツの裏切りによって打撃を受けたのは、大島・白鳥ばかりではない。東京でも、にわかに陸軍の勢いは弱まり、親独論は影を潜める。そして、八月二十八日、平沼内閣は、有名な「欧州情勢複雑怪奇」のせりふを残して、総辞職した。

板垣征四郎も陸軍大臣を辞任し、支那派遣軍総参謀長に転じる。以後、朝鮮軍、第一七方面軍、第七方面軍などの軍司令官職を歴任して終戦を迎えた板垣だったが、満洲事変を実行したり、ドイツとの軍事同盟を推進したりした男が無事でいられるわけがない。東京裁判の被告となった板垣は、絞首刑の判決を受けた。

葬式もいらぬ、墓もつくるなとした遺書の結びは、「たゞ〝無〟、又は〝空〟」とあった。

「防共協定強化交渉」当時、板垣もまた、大日本帝国が滅びることなどあり得ないと思い、日独伊の「同盟のため奮闘」したのかもしれない。しかし、それは根拠のない確信にすぎなかったのである。

第三章　バスに乗ってしまった男たち

四か月の短命内閣

独ソ不可侵条約が結ばれ、スターリンのソ連《れん》がドイツの敵ではなくなった以上、英仏も敢《あ》えて戦争に突入してまで火中の栗を拾うことはない。孤立したポーランドは、思いのままに料理できる……。

そう確信したヒトラーは、ドイツ国防軍に対し、九月一日を期して、ポーランドに侵攻せよと指令した。ポーランド側が仕掛けてきたと見せかけるために、彼らの軍服を着用したナチス親衛隊の特殊部隊がドイツ領グライヴィッツにある放送局を襲撃するなど、複数の欺瞞《ぎまん》工作がなされたのち、ポーランド侵攻作戦「白号」が発動される。

ところが、ヒトラーの楽観は、たちまち裏切られることになった。独裁者が、ミュンヘン会議の誓約を反古《ほご》にし、チェコスロヴァキアを消滅させてしまったのを目の当《ま》《あ》たりにした英仏には、事態を看過する気など毛頭なかった。かくて、九月三日、英仏は、ポーランドに約束していた保障を実行するとして、ドイツに宣戦布告した。この報告を聞いたヒトラーは茫《ぼう》然《ぜん》とし、「さあ、どうする」とリッベントロップ外相に尋ねたという目撃者（外務省の通訳官パウル・シュミット）の証言があるが、もう遅い。ドイツは、想定外のかたちで二度目の欧州大戦に突入することになったのである。

一方、東京では、「防共協定強化交渉」で、英仏を対象とする自動参戦義務を負うことに反対していた海軍や外務省のひとびとが、ひとしく胸をなで下ろしていた。当然のことであろう。板垣征四郎《いたがきせいしろう》や大島浩《おおしまひろし》の主張に従っていたなら、日本もまた、この時点で英仏を敵としなければならないところだったのだ。これより少し前、「防共協定強化交渉」が終わった直後に、宮中に参内した米内光政《よないみつまさ》に対し、昭和天皇は「海軍のおかげで国が救われた」との言葉をかけた。まさに至言であった。

こうした空気のなか、陸軍大将阿部信行《あべのぶゆき》に組閣の大命が下り、「自主外交の確立」を唱える新路線が取られることになる。この場合の「自主外交」とは、独伊と距離を置き、英米との関係を改善することだ。従来とは百八十度異なる方針であるけれど、そんな政策が採用された陰には、天皇の意向も少なからず影響していたと思われる。昭和天皇は、八月二十八日に参内した阿部に対し、「外交の方針は英米と協調するとの方針を執ること」と、釘《くぎ》を刺していたのである。

かかる原則に基づき、八月三十日に成立した阿部内閣は、欧州戦争には介入せず、もっぱら日中戦争の解決に邁進《まいしん》するとの声明を出し、協調政策を遂行した。象徴的だったのは、外務大臣に野村吉三郎《のむらきちさぶろう》海軍大将が起用されたことだったろう。野村は、アメリカ駐在海軍武官を長くつとめ、米政財界の大物たちにも知己が多い、いわゆる「英米派」の代表的人物だった。ちなみに、彼のモットーは、「如何《いか》なる妥協も戦争よりは勝る」だったという。かような信念と経歴の持ち主だったから、野村が日本外交の舵取《かじと》りを担ったことイコール対米関係改善へのシグナルだと受け止められたのである。

しかし、結果からいえば、阿部内閣は四か月の短命に終わる。なるほど、ソ連と交渉し、ノモンハンの紛争を停戦に持っていくなど、一定の成果をあげはした。が、アメリカとあらたな通商条約を結ぼうとした試みが不調に終わったこと、また石油・地代家賃・小作料などを統制し、米穀強制買い上げを実施したことが物価の上昇を招いたり、外貨獲得のための貿易省設置の試みが外務省の反対で挫折《ざせつ》するなどといった外政内政の失敗により、政権が維持できなくなったのだ。

後継総理は、意外にも米内光政であった。意外にも、と評したのは、当時の政局における陸軍の影響力ははなはだ大きくなっていたからだ。それゆえ、「防共協定強化交渉」以来、彼らの仇敵《い》となった米内が首相の椅子に納まることなど考えられない。これが、当時の政界の常識だったのである。この予想外の人事を可能にしたのは、湯浅倉平《ゆあさくらへい》内大臣を中心とする宮中勢力だったと言われる。湯浅らは、このまま陸軍が政治を壟断《ろうだん》していたのでは日本はどうなることかと心配する天皇の意をくみ、米内指名のために力をつくしたのだった。

米内も、かかる期待に応《こた》え、外務大臣に有田八郎《ありたはちろう》、内閣書記官長に石渡荘太郎《いしわたそうたろう》を選ぶ。「防共協定強化交渉」当時の五相会議において、陸軍に反対したこの二人を内閣に招いたことは、新しい政府のめざすところを、何よりも雄弁に物語っていたといえる。

しかし、陸軍も黙ってはいなかった。米内に組閣の大命が下ったと聞いたとき、陸軍将校たちは「海軍の陰謀にしてやられた」と憤激したという。彼らにとって、「倒閣運動は、果たして内閣成立の日から始められた」（緒方竹虎《おがたたけとら》）のである。

走り出したバス

一九四〇（昭和十五）年一月十六日にスタートした米内内閣は、最初から不運に見舞われた。

一月二十一日、日本郵船のサンフランシスコ航路定期船「浅間丸《あさままる》」が、野島崎《のじまざき》沖の公海上で、イギリス巡洋艦の臨検を受け、乗船していたドイツ人船客のうち二十一人が、国際法でいう「戦時禁制人」、つまり、帰国後兵役に就く可能性があるものとして連行されたのだ。東京の鼻先で、日本の船があらためられたばかりか、友好国の国民が連れ去られた屈辱に、たちまち反英運動が巻き起こる。実は、イギリス巡洋艦の措置は、国際法上何らの瑕瑾《かきん》もなかったのだが。

続いて、一月二十六日には、前年に通告されていた日米通商航海条約の廃棄が効力を発揮した。

そうした事件に接して、陸軍や民間の親枢軸派は色めき立った。背信的な独ソ不可侵条約に直面した彼らは意気消沈し、逼塞《ひっそく》してはいたものの、けっして日独伊三国軍事同盟の成立をあきらめたわけではなかった。たとえば、一九三六年に国家主義団体「東方会」を結成し、その総裁となっていた中野正剛《なかのせいごう》が『文藝春秋』の三九年九月号に寄稿した「独ソ不可侵条約と日本」なる論文には、「日本政府の老巧者流が自己の不決断のために三国軍事同盟の好機を失いながら、この独ソ不可侵条約の成立をみて、外道《げどう》のさか恨みにドイツを非難し、逆に彼らがもって生れた親英・媚態《びたい》外交を復活しようとする」という、なかなか強烈な一文がみられる。

つまり、彼ら、親独伊派は、独伊との交渉再開への動因を得る機会を虎視眈々《こしたんたん》と待っていたのだ。事実、帰国した大島・白鳥《しらとり》は、中野正剛や国粋主義の言論家徳富蘇峰《とくとみそほう》、東亜建設国民連盟会長の末次信正《すえつぐのぶまさ》海軍大将、財界から政界入りし、逓信大臣や政友会総裁をつとめたこともある久原房之助《くはらふさのすけ》らと、月に一度星岡茶寮《ほしがおかさりょう》で会合、その意見を近衛文麿《このえふみまろ》に伝えていたという。

また、参謀本部では、独ソ不可侵条約締結後になっても、謀略・宣伝を担当する第八課の長臼井茂樹《うすいしげき》大佐を中心に、なお枢軸強化論が有力だった。その傾向は、一九三九年十月に、ドイツ大使館付武官補佐官だった山県有光《やまがたありみつ》中佐が帰国、参謀本部ドイツ班長に就任したことや、イタリア大使館付武官だった唐川安夫《からかわやすお》大佐が三九年十二月にやはり東京に戻り、参謀本部欧米課長となったことにより、いっそう強まった。

「防共協定強化交渉」において、大島や白鳥の近くで彼らを補佐していた人物を参謀本部の中枢に据えた意図が奈辺《なへん》にあったか、あらためて説明するまでもあるまい。臼井や山県は、大島浩とともにドイツ大使館と緊密な連絡を取りつつ、日独伊軍事同盟論を再起させるために暗躍する。要するに、彼らは、日独伊三国軍事同盟の夢を捨てず、日本の外交姿勢を転換させる機会を待っていたのである。

季節が春から夏に変わるころ、親枢軸派のための好機は、ついにやってきた。

前年九月に、ソ連とともにポーランドを征服して以来、西部戦線で英仏と静かな対峙《たいじ》を続けるばかりで、なりをひそめていたドイツが、突如攻撃に打って出たのだ。四月九日には北欧ノルウェーとデンマークを急襲、さらに五月十日には、中立状態にあったオランダ、ベルギー、ルクセンブルクに侵入、西方攻勢を開始する。

ドイツ軍の力は圧倒的だった。連合軍を分断したドイツ装甲部隊は英仏海峡に突進、敵の主力に殲滅《せんめつ》的打撃を与える。その結果、イギリス大陸遠征軍は重装備を置き捨てにして、ダンケルクよりの撤退作戦を敢行することを余儀なくされた。六月十四日には、無防備都市とされたパリが無血占領され、二十二日に独仏休戦協定の調印をみる。

第一次世界大戦では、四年あまりの時を費やし、無数のドイツ兵の血を流しても、とうとう屈服させることができなかったフランスを、ヒトラーは、わずか一か月半ほどで征服してしまったのだ。

かくも鮮やかな勝利を見せつけられて、日本の親枢軸派が指をくわえているわけがない。国内政治的には、ナチスを模範とし、「一元政治」の実現をめざす新体制運動の影響力が強くなる。その先頭に立っていたのは、日中戦争を抜き差しならぬ膠着《こうちゃく》状態においやった過去を持つ人物、かつての首相近衛文麿だった。このころ、枢密院議長をつとめていた近衛は、六月二十四日にその職を辞し、新体制運動に乗り出すと声明したのである。

他方、本国がドイツに占領されたために、フランスの植民地仏印（仏領インドシナ、現在のヴェトナムなど）やオランダの植民地蘭印《らんいん》（蘭領東印度《いんど》の略、現在のインドネシア等）といった地域は、いわば力の空白状態におちいった。この好機に乗じて、いわゆる「南進」を遂行、東南アジアを日本の勢力圏下に置くべしという主張が広がってきた。

むろん、米内内閣の外務大臣有田八郎としても、この問題に無関心ではいられない。ドイツの北欧作戦が発動された直後の四月十五日の記者会見で、すでに有田は「帝国政府は、欧州戦争の激化に伴い蘭印の現状になんらかの変更をきたすがごとき事態の発生については深甚な関心を有す」と発言していた。

さらにオランダの崩壊に直面した有田は、五月十七日、ベルリンの来栖《くるす》三郎《さぶろう》大使（前年十二月以来、大島の後任として、ドイツ大使に任命されていた）に訓令を発し、ドイツが蘭印に対し無関心であることを確認したいと申し入れさせている。ついで、フランスが降伏する直前の六月十八日には、今度は仏印についてもドイツ側の「友誼《ゆうぎ》的了解と支持」を期待している旨を伝えよとの訓電が打たれた。

有田は、戦後の回想で、こうした一連の行動は、ドイツが蘭印までも併合するのを抑える、あるいは、事実上無主の地となっている蘭印に第三国の軍隊が入って、平和が乱されるのを恐れたためだったとしている。また、国内の武力南進論を牽制《けんせい》する必要もあったというのが、彼の言い分である。

しかし、右に触れた、ドイツのご機嫌をうかがうかのような訓令をみるかぎり、米内・有田の外交も、南方進出の機会を逃すことはしたくない、そのためにはドイツの了解を得なければならぬというのが本音だったろう。ただし、後述するような陸海軍中堅層の、必要とあらば武力行使も辞さずといった姿勢とは異なり、米内・有田の外交には、英米に配慮、両国との対決を回避する自制があった。

実際、彼らの危惧《きぐ》は杞憂《きゆう》ではなかった。日本が蘭印仏印に食指を動かしているとみたアメリカは、無言の圧力をかけはじめていた。五月七日、米海軍当局より、演習のためにハワイに向かった太平洋《たいへいよう》艦隊主力は、そのまま同地にとどまると発表される。日本が蘭印に手をつけるなら、この大艦隊がいつでも出動するぞという態勢である。ついで、六月四日付で、特殊工作機械の輸出許可制が実施された。いうまでもなく、精密機械の多くを外国、なかんずくアメリカからの輸入に頼る日本に対する警告だ。

かかる措置をほどこされては、米内内閣も、南進をくわだてるにあたり、よほど慎重にならざるを得まい。いきおい、勇ましい武力進出論ではなく、外交交渉を主眼に置くようになったのである。

ところが、東京日日新聞のロンドン特派員が送った記事の一節「バスに乗りおくれるな」という言葉が、いちやく流行語となったことでもわかるように、有田流の外交交渉による南方進出論は悠長《ゆうちょう》にすぎるということで、世間一般にはなはだ不人気だった。いわんや、米内政権に敵対する陸軍においてをや。陸軍は、米内・有田流の協調外交など歯牙《しが》にもかけず、ひそかに策動した。

六月十九日、陸軍省軍事課長岩畔豪雄《いわくろひでお》大佐は、激変した世界情勢に対応すべく、あらたな戦争指導計画を作成せよと、部下の西浦進《にしうらすすむ》中佐に命じている。西浦が起草した案は、陸軍省と参謀本部の承認を受け、七月三日には、陸軍の基本方針として採択されることになった。

この「世界情勢の推移に伴う時局処理要綱」は、独伊との政治的結束を強化、敢えて対英戦も辞さず、仏印や蘭印、香港《ホンコン》などを武力によって押さえようとする、まさに太平洋戦争への道を開くようなしろものだった。ちなみに、アメリカは、「我《われ》より求めて摩擦を多からしめるは之《これ》を避くるも、帝国の必要とする施策遂行に伴う自然的悪化は敢えて之を辞せざるものとす」という一文で片付けられており、同国の介入を深刻に検討したようすは見られない。

いずれにせよ、南進のためなら戦争も恐れるものではないと腹をくくった陸軍は、妨げとなる米内内閣を倒しにかかる。直接のきっかけは、六月二十九日のラジオ放送だった。有田は、この「国際情勢と帝国の立場」と題した放送で、南洋の諸民族の共存共栄と安定を確保するのは日本の責務であるとした上で、欧米諸国に東亜の安定を乱すことはしてほしくないと述べた。つまり、枢軸提携の強化といったことは、いっさい触れられていない。それについて、読売新聞と東京日日新聞が、外務省が準備していた放送原案には枢軸強化が明記されていたのに、英米を刺激するのは得策ではないとの陸海軍の意見により修正されたと報じたのが、政局に火を付けた。

もっとも、陸海軍がそのような消極論を唱えたという事実はない。事前の打ち合わせの際、海軍から独伊枢軸参加の希望をはっきり言ってくれとの要求があったのに、外務省は、そんなことを明言してしまっては外交はできないと拒否したのである。すなわち、読売と東京日日は大誤報をしでかしたわけだが、米内内閣打倒を狙う陸軍は、これを千載一遇《せんざいいちぐう》のチャンスとみた。

陸軍は、かの放送に示された態度は、ドイツに好意を持つ反対派を出し抜くため、内閣の延命をはかるためになされたものだと非難し、対立をエスカレートさせた。七月八日、陸軍次官阿南惟幾《あなみこれちか》中将は木戸幸一《きどこういち》内大臣を訪問、米内内閣は独伊との話し合いをなすにはきわめて不便であるとしてから、陸軍は総理更迭《こうてつ》やむなしとの意見で、後任には近衛文麿を希望すると申し入れた。さらに、七月十六日には、陸軍大臣畑俊六《はたしゅんろく》大将が辞表を提出する。

軍部大臣現役武官制という「妖刀《ようとう》」が抜かれたのだった。一九三六年に復活した、陸海軍大臣に補任《ぶにん》されるのは現役の大将か中将でなくてはならないとの規定である。一見、もっともな取り決めのようにみえるけれども、現役の大将・中将の出処進退には、もちろん陸海軍の意向が反映される。陸軍は、この規定を濫用《らんよう》し、気にくわぬ内閣を倒したり、あるいは組閣を阻止するために、陸軍大臣を辞任させたり、候補者を推薦しないといった手法を用いたのだ。いうまでもなく、陸軍大臣のいない内閣は成立しない――。

陸軍の筋書き通りに、ことは運んだ。畑陸相の辞任により、七月十六日、米内内閣は総辞職に追い込まれたのである。

虎穴にいらずんば虎児を得ず

「わが大和《やまと》民族、人と提携し、もしくは同盟したとき、もはやうしろを顧みるものではない。はっきりとして心中までいくという決心で、抱き合って進むあるのみ」。

「コミンテルンに対して協同して立ち向かおうというて、ここに盟約したものが、東に我が大和民族の国、日本、西にチュウトン民族の国、ドイツである。しかして今日の世界を見回しますと、かかる問題につき、みずからの良心に問うて、人類の福祉を顧念《こねん》して、男らしくすっきりと立ち上がり得るものは、東に大和民族、西にチュウトン民族のあるのみであります」。

なんとも壮士調というか、あるいはファナチックというべきか、ある種の臭みを感じさせずにはおかないせりふである。かかる発言をなす人物は、常に冷静で、かつ鋭敏なバランス感覚を保持していることを要求される外交官には向かないだろうと、首をかしげたくなる。

ところが、新首相近衛文麿が、軍部を抑えられるのは君だけだから、外相を引き受けてくれと懇願したのは、こうした言葉のぬし、松岡洋右《まつおかようすけ》なのであった（引用は、日独防共協定締結直後の松岡演説より）。

松岡は、一八八〇（明治十三）年三月四日、山口県室積《むろづみ》に生まれた。生家は、代々廻船《かいせん》問屋として栄えた家柄だったが、父の代に傾いており、松岡も自らの運を拓《ひら》くために努力しなければならなかった。十三歳の春、従兄《いとこ》とともに渡米した松岡は、以後苦学生活をしつつも、オレゴン州立大学法学部を卒業し、一九〇二年に帰国する。ついで二年後の〇四年、外交官試験にトップで合格した松岡は（一番だったのは英語だけという別の証言もある）、上海《シャンハイ》を振り出しに、もっぱら大陸で外交官としての経歴を積んでいく。

そうして、一九一七（大正六）年には、寺内正毅《てらうちまさたけ》内閣の外相秘書官、翌年には首相秘書官をつとめるに至ったものの、折からのシベリア出兵をめぐる省内の穏健論と対立、二一年六月、外務省を去った。

とはいえ、この時代、洋行帰りの元外交官を、世間が放っておくものではない。松岡は、国策会社でもあり、戦前日本でも有数のコンツェルンの一つである「満鉄」、南満洲鉄道会社に理事として迎え入れられた。一時、「満鉄」から離れたこともあったけれど、一九二七（昭和二）年には副総裁の座につき、満洲《まんしゅう》の大立て者となる。だが、後ろ盾になっていた田《た》中義一《なかぎいち》の内閣が倒れたことが契機となり、松岡は一念発起、政界に転じた。

一九三〇年二月の総選挙で山口県第二区から出馬し、衆議院議員に当選した松岡は、やがて、政府の「軟弱外交」を非難する論客として知られていくようになる。その松岡が、国民的英雄に祭り上げられたのは、三二年十二月八日の、満洲国建国を承認するか否かを論じていた国際連盟総会における演説、いわゆる「十字架上の日本」演説である。

英語力と物怖《ものお》じしない交渉力を買われたか、日本の首席代表としてジュネーヴに派遣され

国際連盟総会で反対陳述をする日本代表の松岡洋右全権

た松岡は、およそ一時間二十分におよび、原稿なしで、日本弁護の論陣を張った。満洲事変を起こし、傀儡《かいらい》国家の樹立をはかっていると非難されるけれども、日本の願いは国際正義が守られることのみと唱えたのである。そのクライマックスで、松岡は、国際世論の総攻撃を受けていた日本を、刑死させられんとするイエス・キリストにたとえた。

「諸君！　日本はまさに十字架にかけられようとしているのだ。しかし我々は信ずる。かたくかたく信ずる。わずかに数年ならずして、世界の世論は変わるであろう。しかしてナザレのイエスがついに世界に理解されたごとく、我々もまた、世界によって理解されるであろう」。

かかる演説を聞いた欧米諸国の代表は、あるいは憤り、あるいは自らを救世主にたとえるとは沙汰《さた》のかぎりと嗤《わら》った。松岡の雄弁空しく、翌三三年二月二十四日、国際連盟は、満洲国を否認する案を、投票国四十四、賛成四十二、反対一、棄権一で採択する。松岡以下、日本全権団は、ただちに議場を去った。結果、三月二十七日に、日本は国際連盟を脱退することになる。

こうした経緯にもかかわらず、実は、松岡は国際連盟脱退など夢にも考えていなかったといわれる。例をあげるなら、ジュネーヴに赴くにあたり、元老西園寺公望《さいおんじきんもち》のもとに挨拶《あいさつ》に行った際、松岡は、「脱退などは絶対に致しません」と断言していた。それが、かくも豹変《ひょうへん》した背景には、日本国内の世論の硬化を受け、かつ諸国の代表を説得するためのはったり《ブラフ》として強硬な主張をなしているうちに（ちなみにアメリカ留学時代の松岡は、ポーカーの名手として知られていた）、俗にいう「引っ込みがつかなくなった」ものと思われる。事実、これからみていく外務大臣時代の行動からも判断できる通り、松岡には、大向こうを唸《うな》らせたがる癖があるのだ。

とはいえ、意に反して、日本の国際連盟脱退という事態を招いてしまった松岡は意気消沈していた。陸軍を代表して、石原莞爾《いしはらかんじ》とともに全権団に加わっていた土橋勇逸《つちはしゆういつ》大佐の回想を引く。政府からジュネーヴ引き上げの訓令がでたとき、土橋と石原は、松岡から食事に誘われた。その席上での松岡の発言を斟酌《しんしゃく》すると、「脱退などとトンデモナイことになったが、その実情は君等が知っている通り、自分は出来るだけの努力は払った。どうか陸軍側にこの努力を伝えてくれ」との意味に推察されたというのである。

さりながら、ポピュリズムを煽《あお》る点では、松岡は大成功を収めていた。一九三三年四月二十七日、「浅間丸」に乗って横浜《よこはま》港に戻ってきた彼は、あたかも凱旋《がいせん》将軍であるかのごとく迎えられた。満洲事変は、中国が仕掛けてきた非道な排日運動に対し、日本がついに起《た》ったものと理解していた国民は、松岡さんがジュネーヴの檜舞台《ひのきぶたい》で横暴な白人列強に一泡吹かせてくれたと、拍手喝采《かっさい》したのだ。国際連盟脱退がもたらす悪影響を考えれば、そんな英雄扱いなど問題外だったのだが、いつの世も、正当であれ不当であれ、国民のうっぷんを晴らしてくれるものは、多大な人気を集める。

こうして松岡が得た国民の支持は、むろん一九四〇年になっても消え失《う》せてはいない。三五年以来満鉄総裁に任ぜられていた松岡が、一転して外務大臣に迎え入れられたゆえんであった。

いうまでもなく、新外相松岡の構想の基本には、独伊との関係強化があった。それをよく示すエピソードがある。米内内閣の末期、七月十二日に、外務省・陸軍省・海軍省の事務当局のあいだで、日独伊提携強化問題についての協議がなされ、その席上で安東義良《あんどうよしろう》外務省欧亜局第一課長が提示した外務省案が、十六日の第二回協議で陸海軍に了承されている。この案の骨子は、ヨーロッパとアフリカをドイツの「生活圏」（民族が発展するには、それに見合った領土が必要だとするナチスのレーベンスラウム論を拝借してきたのだろう）として認める一方、南洋は日本の生活圏であることをドイツに了解させる、そのために、ドイツの戦争遂行に極力協力するというものだった。ただし、戦争参加はあくまでも拒否、「参戦にいたらざる限度における最大限の提携」をなす。これが外務省の姿勢だった。

ところが、外相就任直後に、この「日独伊提携強化案」について、安東から説明された松岡は色をなした。「こんなものではダメだ」と決めつけ、文書に「虎穴《こけつ》にいらずんば虎児を得ず」との一句を書き入れて、突き返してきたのである。

また、七月二十二日の内閣発足に先立ち、近衛は、陸相就任予定の東條英機《とうじょうひでき》中将、海相就任予定の吉田善吾《よしだぜんご》中将、そして松岡を、荻窪《おぎくぼ》の私邸「荻外荘《てきがいそう》」に招き、重要国策について意見を交換した。のちに「荻窪会談」と呼ばれることになるこの会議の性格や議論された内容については、出席者の戦後の証言に食いちがいがあり、必ずしも全貌《ぜんぼう》が解明されているとはいえない。けれども、近衛家の「陽明文庫《ようめいぶんこ》」に残された史料のなかに、松岡自身の筆になる文書があり、そこには「世界情勢の急変に対応しかつ速やかに東亜新秩序を建設するため日独伊枢軸の強化を図り東西互いに策応して諸般の重要政策を遂行す」とある。

もはや、くだくだしく説明するまでもあるまい。松岡は、「チュウトン民族」とともに、日本人を「男らしくすっきりと」立ち上がらせるつもりだったのだ。

「荻窪会談」。荻外荘にて。左から近衛文麿（首相予定。以下同）、松岡洋右（外相）、吉田善吾（海相）、東條英機（陸相）

加えて、七月二十七日、例の陸軍主導の「時局処理要綱」が、一九三七年の日中戦争勃発《ぼっぱつ》以来設置されていた大本営と政府の連絡会議で了承された際も、松岡は対英武力行使も辞さずとし、「虎穴に入らざれば虎児を得ざるに非《あら》ずや」と、得意の比喩《ひゆ》を繰り返すありさまだった。

さらに、松岡は、「日独伊提携強化に関する件」（七月三十日付）という文書を作成させた。これには、独伊側が対英軍事協力を望む場合は原則として応じるとか、一方がアメリカと戦争状態に入る危険ある場合には、加盟国は執るべき措置について協議するとかいった、いちだんと戦闘的になった条項が含まれており、従来の「日独伊提携強化案」にあった、参戦にならないかぎりでの最大限の提携という留保は、まったく消え去っていた。

つまり、ドイツの勝ちに乗じて火事場泥棒的に南進し、その際イギリス、場合によってはアメリカと戦争をしても構わないという、常軌を逸した方針が、日本の国策として採用されたのである。

けっして、筆者が誇張しているわけではない。たとえば、七月二十九日、参謀次長沢田茂《さわだしげる》中将は、「時局処理要綱」の実行にあっては、ドイツがどの程度の成果をおさめるかが問題であり、その対英作戦が成功した際に、この案のように行われるものであると内奏している。要するに他人任せだが、おそらく昭和天皇にとがめられたのであろう、沢田は三十日に、侍従武官長を通して、あらためて奉答している。そのせりふたるや、日本が自力で南方解決などとは考えていない、あくまで他人のふんどしで相撲を取るつもりであるというものであった。ただし、この発言は参謀本部の内部史料による。さすがに天皇に対しては、もっと言葉を飾ったのかもしれない。

ヒトラーの重大決定

ともあれ、独伊と結ぶための国内的準備を終えた松岡は、八月一日、ドイツ側に接近の可否を打診した。オット駐日大使をお茶に招いた席上で、枢軸強化の意思があることを打ち明けた松岡は、しかし、ドイツの意向を聞かなければ、近衛首相やほかの大臣たちを説得できないとし、三つの質問を投げかける。

第一に、南洋について、ドイツはいかなる態度を取ろうとしているのか、また何を求めるか。

第二に、ドイツは日ソ関係について、何を望み、何をなし得るのか。

第三に、日米関係について、ドイツはアメリカに何をしようとしているのか。日本のために何をなし得るのか。

いささか露骨な問いかけに、オット大使はもちろん何の言質《げんち》も与えようとせず、逆に、これまで日本外務省から受けた処遇に強く不満の意を表明する始末だった。

同じころ、ベルリンでも来栖大使が一日と七日の二度にわたり、ヴァイツゼッカー外務次官を訪ね、日ソ・日英関係に対するドイツの方針を聞き出そうと試みたものの、後者は態度をあきらかにしようとはしなかった。

すなわち、ドイツ側は、松岡の接近の試みに、きわめて冷ややかな反応しか示さなかったのである。無理もないことではあった。宿敵フランスを降《くだ》し、イギリス陸軍の主力にダンケルクの屈辱を嘗《な》めさせたドイツにしてみれば、もう極東において日本に英仏を牽制させる必要もなくなっている。ましてや、前年の欧州大戦勃発以来、日本が経済面において期待していたような協力を怠っているとあっては（日本は、満洲からの大豆輸出や、錫《すず》、タングステンなどの戦略物資の輸送経路提供などで、ドイツからみると、非友好的な態度を取っていた）、いい顔もできないというものだった。

しかしながら――。

ドイツは、わずか半月余を経ただけで、対日政策を一変させた。八月二十三日、リッベントロップ外務大臣は、彼の腹心ハインリヒ・シュターマーを公使の身分で日本に派遣すると、来栖大使に連絡してきたのだ。

しかも、日本側はもちろん知るよしもなかったけれど、シュターマーは、この時点で、ドイツに対する日本政府の真意を突き止め、もしも日本にドイツと新しい条約を結ぶ意思があるなら、ただちにオット大使同席のもとで交渉をはじめよと、密命を受けていたのである。

このドイツの日本への急接近の裏には、いったい何があったのだろうか？

むろん、ヒトラー以下マキャベリストぞろいのナチス・ドイツ指導部が、理由もなく、他国に好意を示すはずがない。彼らの政策転換は、ヨーロッパの戦局がドイツにとって面白からぬ展開を示したがゆえにほかならなかった。イギリスは、ドイツ国防軍の圧倒的戦力の前に孤立していたにもかかわらず、降伏の気配すら見せなかったのである。

五月にチェンバレンの後を襲い、首相となったウィンストン・チャーチルのもと、英国民は徹底抗戦を叫び、ドイツの和平提案もこれを一蹴《いっしゅう》（七月二十二日）、本土の防備強化に余念がなかった。もともとイギリスに対しては友好的で、せめて中立状態でいてくれればいいという発想だったヒトラーも、こうした情勢に鑑《かんが》みて、七月十六日に英本土上陸作戦準備の指令を下している。ところが、お家芸のUボートはともかくとして、ドイツ海軍《クリークスマリーネ》は、貧弱な水上艦艇しか持っていない。それが、今なお健在のイギリス海軍《ロイヤル・ネーヴィ》と渡り合いながら、上陸船団にドーヴァー海峡を渡らせるなど無理な要求だった。当然のことながら、ドイツ海軍総司令官エーリヒ・レーダー元帥は、「アシカ《ゼーレーヴェ》」という秘匿名を付された上陸作戦実行に難色を示した。

しかたなく、ヒトラーは、空からイギリスを屈服させると方針を切り替え、ゲーリングの空軍に、大規模な空襲を行うことを命じた。英本土航空戦、バトル・オヴ・ブリテンの開始である。だが、ドイツ空軍の猛攻を受けながらも、英国民は音を上げなかった。逆に、イギリス空軍の戦闘機パイロットたちは奮戦し、チャーチルをして「人類闘争の場において、かくも多数のひとびとが、かくも少数のひとびとによって、これほど多くの恩恵を被ったことはない」と賛嘆せしめるほどの戦果をあげたのである。

かくて、イギリスと和平を結ぶことも、軍事力による英本土の制圧も望み薄となる。こうした手詰まりに直面したヒトラーは、別の道を見いだした。

東で戦端を開く――ソ連侵攻だ。

前年秋に不可侵条約を結んだばかりの相手を裏切り、戦争を仕掛けようとは、あまりにも機会主義的《オポチュニスティック》に思われるが、必ずしもそうではない。最近でこそ多くの疑義が呈せられているけれども、かつてドイツ現代史研究者のあいだで保守本流ともいうべき位置を占めていた有力な説の一つに、ヒトラーは、一九二三年のクーデターの試み「ミュンヘン一揆《いっき》」に失敗し、投獄されてから、一九四五年にベルリンの総統地下壕《ごう》で自殺するまで、一貫してソ連を征服することが自分の使命だと考えていたとするものがある。

たしかに、彼が口述・著述し、出版した著書『我が闘争』や、一九二八年に原稿は完成したものの、当時の国際情勢に鑑みてドイツに不利益を及ぼしかねないとの理由で刊行されなかった『第二の書』、戦争中の食卓談話（日々の食卓でのヒトラーの発言を、秘書官マルティン・ボルマンが速記させたもの）、そして、最後に独裁者が残した「政治的遺言」などを精査していくと、ロシアを押さえ、ドイツ人を入植させて、ゲルマン民族の大帝国を築くという大目標が、ぶれることなく語られている。ゆえに、イギリスのヒュー・トレヴァ＝ローパーのごとく、「ナチズムの本質は独ソ戦にあった」とする歴史家もいるほどである。

いずれにせよ、一九四〇（昭和十五）年の夏には、ヒトラーは、こう観測するようになっていた。イギリスが見込みのない抵抗を続けるのは、いずれアメリカとソ連が味方につくと踏んでいるからだ。ならば、宿願であるソ連侵攻作戦に踏みきり、イギリスの希望であるロシアを粉砕するとともに、ゲルマン民族のための広大な領土を獲得すればよい。

こうした発想のもと、ヒトラーは一九四〇年七月に、陸軍首脳部に対ソ作戦を検討するよう命じている。驚いたことに、ヒトラーは早くも同年秋にはソ連侵攻を開始したいと考えていたようだが、そんな短期間にこれほどの規模の作戦準備をなすのは不可能で、開戦するとしても翌年春以降ということになった。七月三十一日、ベルヒテスガーデンの山荘に、国防軍首脳部を招集したヒトラーは、「ロシアが打倒されれば、イギリスの最後の希望も消えてしまう。そうなれば、ヨーロッパとバルカンを支配するのはドイツである」と言明した。そして、ロシアの粉砕は早ければ早いほどよいと断じて、翌一九四一年五月にソ連侵攻を開始できるよう準備せよと指示したのである。

加えて、このベルヒテスガーデン会議では、ヒトラーの日本への期待が表明されている。日本は、対ソ戦遂行中にアメリカが介入しないよう牽制することで、ドイツを助けるであろう。また、ソ連が打倒されたのち、北の脅威から解放された日本は、アメリカがイギリスを救うため参戦するのを食い止めるのに大きな威力を発揮する、と。

このような内幕を知ってしまえば、八月下旬にドイツの対日政策が急転回し、特使シュターマーの派遣といった動きが出てきたことも、しごく当然であるとわかる。「防共協定強化交渉」で日本を同盟国として獲得することができず、一転、身をひるがえしてソ連と結んだドイツだったけれど、対英戦の停滞とロシア侵攻というお家の事情から、再び秋波を送ってきたというわけだったのだ。

海相吉田善吾の苦悩

なれど、日本側にはまだ、日独伊三国軍事同盟に危惧を抱くものが残っていた。陸軍はもとより独伊との同盟を歓迎し、外務省も「心中までいくという決心で、抱き合って進む」と公言する大臣をトップにいただいてはいる。そのなかにあって、海軍大臣吉田善吾中将だけは、三国同盟に反対の意思を表明していたのである。

吉田善吾は、一八八五（明治十八）年生まれで、日露戦争中の一九〇四年十一月に海軍兵学校を卒業した（三二期）。山本五十六《やまもといそろく》と同期である。以後の経歴も順風満帆、海軍大学校を経て、エリート・コースを進み、一九三七（昭和十二）年十二月には、海軍軍人憧《あこが》れのポストである連合艦隊司令長官に補せられている。ときに吉田は五十二歳。日本海軍史上最年少の連合艦隊司令長官であった。

ところが、一九三九年八月、後任の連合艦隊司令長官となる山本五十六と交代するようにして、海軍次官に就任した吉田は、それまでにない苦労にさいなまれることになった。吉田の世代には考えられなかったことであるが、海軍省や軍令部の中堅将校たちは、独伊と結び、対英戦も辞さずとする思想にとりつかれていたのだ。しかも、ドイツがヨーロッパで圧倒的な勝利をおさめ、蘭印や仏印が無防備に横たわっているとあって、霞ケ関《かすみがせき》の海軍士官たちの戦争熱は、いっそう強まる。

彼らは、あるいは南洋方面の兵要地誌作成および訓練の名目で蘭印方面を担当する第四艦隊を新編し、あるいは南方作戦のための図上演習を実行した（一九四〇年五月十五日から二十一日）。この図上演習から得られた結論は、石油の全面禁輸を受けたら、その後四か月以内に立ち上がって、蘭印の石油を入手かつ搬送しなければ戦争継続はできないというものだった。五月二十四日、この図上演習の報告を受けた吉田は、ただちに軍令部作戦部長宇垣纏《うがきまとめ》少将に対し、蘭印の重要資源地帯を占領しても、海上交通線の確保が難しく、資源を国内に持ってくることは不可能ではないか、ならば蘭印攻略自体が無意味ではないかと、鋭い質問を浴びせている。

一事が万事だった。すでにみた外務省作成の「日独伊提携強化に関する件」（七月三十日付）は、陸海軍に提示され、細かい点を修正した上で、八月六日、陸海主任者会議において了承された。つまり、海軍省の主務者たちは、イギリスをも仮想敵国とする日独伊三国軍事同盟に賛成していたのである。ところが、吉田は、近衛内閣成立直前の「荻窪会談」でも、三国同盟は考えないと発言していたという。あきらかに、海軍大臣と、海軍省の下僚たちのあいだに、深刻な対立が生じつつあったのだ。

これが米内光政海相の時代であれば、山本五十六次官、井上成美《いのうえしげよし》軍務局長が助け、下克上を抑えたであろう。だが、吉田の次官である住山徳太郎《すみやまとくたろう》中将は「女子学習院長」とあだ名されるほどで、とても下の突き上げに毅然《きぜん》たる姿勢を取れるような人物ではなかった。軍務局長の阿部勝雄《あべかつお》少将も、しだいに日独伊同盟論に傾斜していったから、吉田は孤立する一方だった。にもかかわらず、吉田が同盟反対を貫いていたことは、その論敵となったかたちの陸軍参謀本部の機密戦争日誌に「対独伊交渉進まず、海軍大臣にて研究中なりと。嗚呼《ああ》」という嘆息がみられることからも充分推測できよう。吉田善吾は、なお孤塁《こるい》を守っていたのである。

実際、独伊と結べば、イギリス、ついにはアメリカとの戦争に突入することになるとの吉田の判断は正しかった。この時期、アメリカは、イギリス支援の意思を明確に示しはじめていた。八月十七日には、ニューヨーク州オグデンズバーグで、フランクリン・ローズヴェルト米大統領は、英帝国の自治領カナダ（一九三一年に実質的には独立を果たしている）の首相ウィリアム・キングと会見、両国の共同防衛を強化するため、常設共同防衛会議の設立を宣言した。続いて、同月二十日には、チャーチル首相が、ドイツのUボートの活動を封じるために不可欠の旧式駆逐艦五十隻を譲渡されるのと引き替えに、アメリカに基地を貸与する協定を結ぶと発表する（九月二日締結）。すなわち、英米の結束はいよいよ固くなり、独伊と結ぶことはアングロサクソンとの戦争を意味するとみなして、さしつかえない情勢になっていたのだ。

ために、吉田は、おのが判断と、戦争へ向けて勢いを増す周囲や部下とのあいだで板挟みになり、懊悩《おうのう》した。そもそも吉田は神経質な性格で、連合艦隊司令長官であったころも、幕僚が起案した文書を、真っ赤になるまで色鉛筆で修正し、てにをはまでもいじったとされる。そんな吉田のことであるから、かかる苦境に心身をさいなまれ、みるみる健康を害していく。食欲が減退し、朝食はトマトぐらい、昼食もほとんど摂《と》らず、見かねた夫人が栄養に注意してこしらえた弁当を、海軍省に届けたほどだった。

だが、夫人の心づかいも空しく、八月になると、吉田はいよいよ衰えた。夏の暑さもあったろうが、シュターマー特使来日の報《しら》せを聞き、親枢軸派との激烈な対決を余儀なくされるとの不安も働いたのであろう。吉田は、連日の下痢や頭痛に悩まされ、まわりが驚くほどに憔悴《しょうすい》した。九月に入ると、自殺を示唆するような言動さえみられたという。

彼は、もはや限界に達していた。九月三日、吉田は築地《つきじ》の海軍病院に入院、海軍大臣を辞任することになる。翌四日に海軍省が発表した副官談話には、「吉田海軍大臣は、先月以来、胃腸障害にて手当中なりしが、激務の疲労もあり、回復はかばかしからず、かつ数日前より狭心症の発作あり、安静加療を要するにつき、昨三日海軍医学校診療部に入院せられたり」とある。

三国同盟締結を押しとどめようとした一本の杭《くい》は、激流の勢いに耐えかね、折れてしまったのだった。

ポイント・オヴ・ノー・リターン

こうして舞台を去った吉田とは対照的に、ドイツが特使を派遣すると通達された松岡洋右は、かねての構想を現実のものとするチャンスだと勇みたった。八月二十八日、前駐伊大使白鳥敏夫《としお》と、外務省通商局長や満鉄理事をつとめた経歴を持つ斉藤良衛《さいとうよしえ》を外務省顧問に任じ、九月一日には、この二人に大橋忠一《おおはしちゅういち》外務次官と西春彦《にしはるひこ》欧亜局長を加え、「日独伊提携強化に関する件」を再検討する。この会議を受けて、同文書は大幅に修正され、「軍事同盟交渉に関する方針案」として、六日の総理、陸相、海相（及川古志郎《おいかわこしろう》大将が就任）、外相から成る四相会議で承認を得た……と書けば簡単なようだが、実は、この文書によって、日本は戦争に向けて大きな一歩を踏み出す決心を強いられていたのである。

問題の条項を引こう。「日独伊提携強化に関する件」では、日独伊の「一方が米国と戦争状態に入る危険ある場合には、両者は執るべき措置に関し協議することとす」とあったのに、

「方針案」では「一方が米国と戦争状態に入る場合には他の一方はあらゆる方法を以《もっ》て之を援助す」と修正されている。つまり、対英が目的だったはずの独伊との同盟が、対英米に拡大されていたのだ。

いったい、松岡は何をめざして、こんな修正をほどこしたのか。考えられるのは、アメリカの牽制である。先に述べたごとく、デモクラシーの守護を唱えて、イギリスとの結びつきを強化していたアメリカは、逆に、独伊に接近する日本に対しては、より過酷な政策を以てのぞんでいた。具体的には経済圧迫だ。

七月二十五日には、日本の工業界にとって不可欠の屑鉄《くずてつ》・石油を輸出許可品目に追加すると発表、ついで三十一日には航空機用ガソリンが輸出禁止となる。さらに、八月下旬になると、対日全面禁輸が近いと読めるような内容のアメリカの機密電報が傍受され、日本側に伝わっていたのである。

かかる情勢下、松岡は、おのが留学体験から、譲歩は不可、独伊と結び、とことん強気の姿勢を示せば、アメリカは折れると信じ、同盟のターゲットを対米英に拡げた。それが、学界の定説であるが、もしそうだとすれば、松岡は根本から間違っていた。

一九三八年の反ユダヤ暴動「十一月ポグロム」（ナチスは言葉を飾り、「水晶の夜《クリスタルナハト》」と呼んだ。ユダヤ人家屋の窓ガラスが割られて、きらめくさまに由来すると口承されているけれども、史料的には裏付けられない）に抗議して、駐独大使を引き上げて以来（以後米独の外交チャンネルは代理大使によって担われていた）、アメリカとナチス・ドイツ、そしてドイツと結んだイタリアの関係は、険悪になる一方だった。それは、この時期いっそうエスカレートしており、ローズヴェルト大統領は、独伊を、通常の外交交渉や妥協の対象ではなく、いずれはアメリカの参戦によって打倒されるべき存在とみなすようになっていた。その両国と軍事同盟を結ぶことは、つまり、日本も、米英によって撃滅されるべき潜在的敵国の仲間入りになるのである。

外交に、ポイント・オヴ・ノー・リターン、引き返し不能点という言葉がある。その措置を選んでしまえば、交渉や妥協が可能な状態には戻れない、先へ突き進むしかないような決定を示すものだ。太平洋戦争のポイント・オヴ・ノー・リターンがどこだったか、論者によってさまざまではあるものの、日独伊三国同盟締結がそれであったとする意見は、かなりの多数派を占めている。仮に、この見解に従うなら、独伊との関係強化に向けて突進する松岡は、まさに、この引き返し不能点を、われしらずのうちに踏み越えようとしていたのであった。

なお、斉藤良衛の回想によれば、のちに日米開戦の報を聞いた松岡は、「三国同盟の締結は僕一生の不覚だった」と泣き崩れたとされる。しかしながら、一九四一（昭和十六）年十二月十日付の徳富蘇峰に宛てた手紙では、真珠湾《しんじゅわん》攻撃など緒戦の成果は痛快にして壮快だとし、ローズヴェルトが色を失ったとの伝聞を「さもありなん」とするなど、とても三国同盟を痛恨の過ちだったとする姿勢はみられない（二〇〇七年一月七日付『読売新聞』の報道）。松岡という人物を考える場合、心にとめておかねばならない挿話であろう。近年、松岡の「識見」や能力を評価する向きもあるが、かかる言動をみれば、首をかしげざるを得ない。

九月七日、ナチス・ドイツの特使ハインリヒ・シュターマーは、東京に到着した。

党人リッベントロップの信頼篤《あつ》い人物だけあって、彼も職業外交官ではない。貿易商をやっていたのが、リッベントロップに見いだされ、主として極東関係の業務に従事していたのである。ちなみに、彼は、戦後日本とドイツが敗れたのち、日本は共産主義に抵抗し、自らを犠牲にしてアジアの勝利をもたらしたのだとする『日本の敗北、アジアの勝利』なる書物をものしているのだけれど、それは別の話であろう。

なお、日本においては、当時から「スターマー」と表記されることが多いが、一般的なドイツ語の読みからすると「シュターマー」である。どうして前者が普及したかについては、つまびらかにできないものの、歴史家三宅正樹《みやけまさき》は、彼が「シュ」を「ス」と発音する訛《なま》りがあるハンブルクの出身であることから、それを聞いた日本の関係者が「スターマー」と呼び慣らしたのではないかと推測している。本書では、本来のドイツ語読みである「シュターマー」で統一しておく。

さて、日本に到着したシュターマーは、千駄ケ谷《せんだがや》にある松岡の私邸で、オット駐日大使とともに会談を行うこととなった。その内容は煩瑣《はんさ》にすぎるので、いちいち詳述するのは避け、以下、重要なポイントのみを列記する。

九月九日。「日独伊枢軸強化に関する件」を説明した松岡に対し、シュターマーは日本が東亜における指導者であることを認めるとしてから、ドイツの希望は、三国同盟によりアメリカの参戦を防止することだと強調。

十日。松岡は、三国条約の試案を示す。シュターマーとオットは、そのあいまいさに不満を持ち、その夜大島浩を招き、具体的なドイツ案を作成。

十一日。シュターマーとオットは、松岡に私案としてドイツ案を提示。松岡は同意する。その案の第三項は、のちに正式に締結される日独伊三国条約の眼目ともいうべき部分なので、あらかじめ引用しておこう。

「右三国〔日独伊〕のうち一国が現在のヨーロッパ戦争または日支紛争に参入していない一国によって攻撃された場合には、あらゆる政治的、経済的および軍事的方法によって相互に援助すべきことを約束する」。

ソ連やイギリスのみならず、アメリカをも想定敵国とし、しかも自動参戦条項を含んだ、明々白々たる軍事同盟といえよう。

成立した亡国の同盟

九月十二日、シュターマーの対案を検討すべく、四相会議が開かれた。席上、松岡はドイツ案をそのまま呑《の》んでさしつかえないとし、陸軍大臣も賛成する。だが、及川海軍大臣だけは、考えさせてくれと応じた。対米英戦を恐れる海軍には、シュターマーが付した自動参戦条項は、そう簡単に応諾できるものではなかった。

松岡は、この最後の障害を取りのぞくべく、ただちに動く。翌十三日、海軍次官豊田《とよだ》貞次《ていじ》郎《ろう》中将ならびに軍令部第三部長岡敬純《おかたかずみ》少将と協議した松岡は、本文のほかに付属議定書と交換公文を設け、参戦の判断は各国政府が事実上自主的になすことにするという留保を付け、ついに海軍の同意を取り付けたのだった。

もっとも、この留保条項が、どたんばでドイツとのあいだに齟齬《そご》を来すことになるのだが、そのことについては、後で述べよう。

ともあれ、海軍の了解を得た松岡は、さらに、陸海軍と外務省の意見調整を進め、同十三日の四相会議にかける。四相会議は、昭和天皇の臨席の下、御前会議を開き、三国軍事同盟を正式に決定すると取り決め、その準備のために、十四日朝、大本営と政府の連絡会議準備会が実施された。この四相会議であったのか、翌朝の連絡会議であったかは確定できないが、及川古志郎海軍大臣は、あっさりと——実に、あっさりと三国同盟に賛成したのである。

何故、海軍は一言の抵抗をなすこともなく、日独伊三国軍事同盟締結を認めてしまったのか。現在のみならず、その当時においても、こうした疑問は持たれた。たとえば、近衛総理は、あまりにもあっけない海軍の態度変更に、かえって不審を抱き、豊田海軍次官を招いて、事情を尋ねたところ、こういう答えが返ってきたという。「海軍としては、実は腹のなかでは三国条約に反対である。しかしながら海軍がこれ以上反対することは、もはや国内の政治事情が許さぬ。故にやむをえず賛成する」。

三国同盟が日本にもたらした惨禍を思えば、ただ呆《あき》れるばかりの回答だ。及川海軍大臣は、このような政治屋的な動きをする豊田を警戒し、山本五十六宛ての書簡で、「ドウモ豊田は策動がすぎるから早めにかえた方がよからんと思う」と洩《も》らしてはいた。が、東洋風の君子を気取り、もめ事を嫌う及川には、そんな果断な人事はできなかったし、そもそも、この海相自身が、豊田同様に腰が引けていたのである。

東京裁判の供述書によれば、松岡の留保を受けた及川は、反対する理由を失い、当時盛んだった枢軸支持の世論に抗して、海軍独自の立場に固執すれば、かえって熾烈《しれつ》なる国内対立を惹起《じゃっき》するものと考え、閣議において「現下の局面を打開するためには海軍としては他に名案を持たず」と申し述べたというのだ。

及川は山本五十六と同じ長岡《ながおか》の産で、漢籍に造詣《ぞうけい》が深く、専門の学者も感服するほどだったとか、大の蔵書家で丸善に担当の店員がいたといった逸話が伝わっている。されど、この海軍きっての教養人は、国家の運命がかかった局面で、陸軍や松岡との対決から逃げを打った。

戦後、海軍戦争検討会議なる、かつて海軍の要職にあった軍人たちによる反省会が開かれた際、井上成美は、かかる姿勢を非難して、「同盟締結にしても、もう少ししっかりしてもらいたかった。陸軍が脱線する限り、国を救うものは海軍より他にない。内閣なんか何回倒してもよいではないか」と意見している。これは、さすがに極端だとしても、及川の背骨がもっと硬ければと嘆きたくなるのは、おそらく筆者だけではあるまい。

さりながら、とにもかくにも日本側は三国同盟締結に賛成した。この間に、松岡とシュターマー、オット大使の三者は、あるいはベルリンとやりとりし、あるいは付属議定書の内容を詰めたりと最後の仕上げにかかっていたが、そのなかで、一点だけ記憶にとどめておかねばならぬことがある。参戦の決定は、各国が自主的に決めるという規定に、ドイツ側の代表たちが異議を唱えていないことである。本国のリッベントロップが、イギリスやアメリカと戦争になった場合、各締約国が自動的に参戦することを重視していたにもかかわらず、なぜ東京のシュターマーとオットは、日本側の自主決定論に反対を唱えなかったのか？

この問いかけは、日独伊三国軍事同盟締結史に残る謎に結びつくのである。

九月十六日、午前と午後の二回にわたり、臨時閣議が開かれた。三日後の十九日に開催されることになった御前会議に向けて、三国条約締結に関する最後の審議を行ったのだ。席上、松岡の説明に対し、みな沈黙していたけれど、河田烈《かわだいさお》蔵相と星野《ほしの》直樹《なおき》企画院総裁が賛成を表するや、外務大臣は、えんえんとしゃべりはじめた。その内容は、この饒舌《じょうぜつ》で知られた人物の、ある種の軽薄さと無責任ぶりとを、ともに表していると思われるので、引用しておく。「独領委任統治諸島をただで、旧独南洋諸島を無償とはゆかぬが日本にもらう。スターマー〔シュターマー〕の話では、ドイツは石油が豊富だ。ソ連もルーマニアもよこしているし、またフランスの占領によって消費した以上の石油をとった。そこで日本は困っているから、半分くらいよこせとスターマーにいっておいた。またスターマーの話では、ソ連と日本の国交調整のあっせんをはかるということだから、北樺太《からふと》の石油利権をよこすようあっせんしてくれ、場合によっては全部買収してもよいといっておいた」。

この、穴だらけの議論を、近衛以下内閣のメンバーが傾聴していたのは、彼らも、松岡との「共同妄想」におちいっていたことを示すものであろうか。いずれにせよ、臨時閣議は、日独伊三国軍事同盟案を承認したのである。

しかし、閣議の経過を上奏するため、宮中に参内した近衛首相を迎えた昭和天皇は、なお醒《さ》めた理性を保っていた。昭和天皇は、日独伊軍事同盟はやむを得ない、また米国に対しても打つ手がないなら、いたしかたあるまいと、一応総理をねぎらいはした。けれど、「万一にも米国と事を構えるようなことになった場合、海軍はどうだろうか。よく自分は、海軍大学校の図上演習では、いつも対米戦争は敗けるということを聞いたが、大丈夫だろうか」と前置きしたのちに、恐るべきご下問を投げている。

総理大臣はこの重大な時機にどこまでも自分と苦楽をともにするか、と。

近衛は、このとき、昭和天皇の深慮に目頭が熱くなるほど感激したと述べている。だが、彼の胸に去来した感情は、それだけだったか。あるいは、大日本帝国が滅びることなどないと、たかをくくり、流されるままに三国同盟に賛成したおのれの醜悪さを、鏡に映されたかのように見せつけられた羞恥《しゅうち》と悔恨はなかったか。

もう一つ、昭和天皇と近衛の、三国同盟に関するエピソードがある。当時、近衛のかかりつけの医師だった武見太郎《たけみたろう》（戦後、日本医師会会長をつとめる）が語った話だ。三国同盟が決まった一九四〇（昭和十五）年九月ごろ、陪食ののちに昭和天皇に誘われ、近衛は天皇と二人で庭を散歩していた。そのとき、昭和天皇に、三国同盟が結ばれることになった、これで国民もさぞ難儀することになるだろうねと言われ、近衛は卒倒してしまったというのである。

けれども、日独伊軍事同盟というバスは、好むと好まざるとにかかわらず、日本人を乗せて、猛スピードで発進している。九月十九日の御前会議は、アメリカの反応や対ソ政策への影響について、軍令部総長伏見宮《ふしみのみや》元帥や原嘉道《はらよしみち》枢密院議長から疑問が呈されたものの、結局三国同盟締結を裁可したのだ。

かくて、三国同盟は、事実上締結されたも同然の状態となったが——この最終局面で、日本とドイツのあいだに、大きな対立が生じた。九月二十一日、リッベントロップがイタリアとの協議の末に詰めた条約案が提示されたのだけれど、それは、侵略行動を受けた場合に宣戦し、相互援助するという修正がなされていた。つまり、自動参戦義務がより明白に規定されていたのである。

かかるリッベントロップの提案を受けて、九月二十一日から二十三日にかけて、松岡と、ドイツ側のシュターマーおよびオットは、連日交渉を重ねた。が、自動参戦義務以外にも、どういうかたちで細目を定めるかという点などでも一致せず、はかばかしい進捗《しんちょく》はない。加えて、二十四日、参戦は自主的に決定すると定めた交換公文（交渉中、秘密議定書から、こちらの形態に切り替えられた）は受諾しがたいとのベルリンの回答が日本側に渡され、ここに来て、三国同盟は暗礁《あんしょう》に乗り上げたかにみえた。

ところが、二十四日の晩、松岡・シュターマー・オットの三者会談で、ドイツ側は、にわかに自主的参戦を認めたのである。昼間のドイツ本国からの回答と矛盾する変化であった。この謎を解くヒントとして、先に述べたごとく、シュターマーとオットは、二人とも日本の自主的参戦に反対していなかったことを思いだしていただきたい。彼らはすでに、参戦は自動的義務ではなく自主的な検討によるものとする日本側の主張に同意するような言質を与えていたし、そうしなければ海軍の反対にあって、またしても同盟不成立になりかねないと考えた。そのため、特使シュターマーは、本国の訓令に反すると知りながら独断専行し、日本側に譲歩した——。

今日の歴史家たちが、もっとも合理的なものとして示す解釈である。事実、三国同盟締結後の十月にシュターマーは帰国するのだが、オット大使より、自主的参戦を定めた交換公文について、リッベントロップ外相の了解を求めてくれと乞《こ》われていたのに、その約束を守ろうとはしなかった。ゆえに、ドイツ政府は長らく交換公文の存在を知らなかったのではないかとする論者もいるほどだ。もし、そうだとすれば、日本側は自主的参戦の留保を取り付けたと思い込んでいたのに、ヒトラーやリッベントロップは、日本側に自動参戦の義務を負わせたと信じていたことになる。

後世の歴史家は、日独伊三国軍事同盟は「不信の同盟」であったと評している。

そう、この「不信の同盟」は、最初から独善的な誤認を含んでいたのだった。

一九四〇（昭和十五）年九月二十七日、ベルリンの「新宰相府《ノイエ・ライヒスカンツライ》」の大広間において、日独伊三国軍事同盟は正式に調印された。

ドイツのリッベントロップ外相、日本の来栖三郎大使、イタリアのチャーノ外相が英文の条約に署名する。日独伊それぞれの言語につき、正文を用意していたのでは迅速な締結はおぼつかないと、とりあえず予備交渉に用いていた英語の文案をそのまま使うよう、松岡洋右が要請した結果であった。

仮想敵であるアングロサクソンの言葉を用いなければ、締約をめざす交渉もスムーズにできない。そんな同盟が、今成立したのである。

しかし、条約の内幕を知らない日本国民は、政府の発表を信じ、マスコミに煽られて、ドイツとイタリアを友邦に得たことを喜ぶばかりだった。翌九月二十八日の朝日新聞は、「いまぞ成れり〝歴史の誓〟」の大見出しのもと、外相官邸で開かれた三国同盟締結祝賀会のもようを報じている。

「『天皇陛下万歳！』『ヒトラー総統万歳！』『イタリア皇帝陛下万歳！　ムッソリーニ万歳！』――降るような星月夜、露もしめやかに落ちる麹町《こうじまち》区三年町《さんねんちょう》の外相官邸には感激の声がこだました二七日の夜であった。三国同盟締結の夜である。まさしく歴史に残るこの夜の

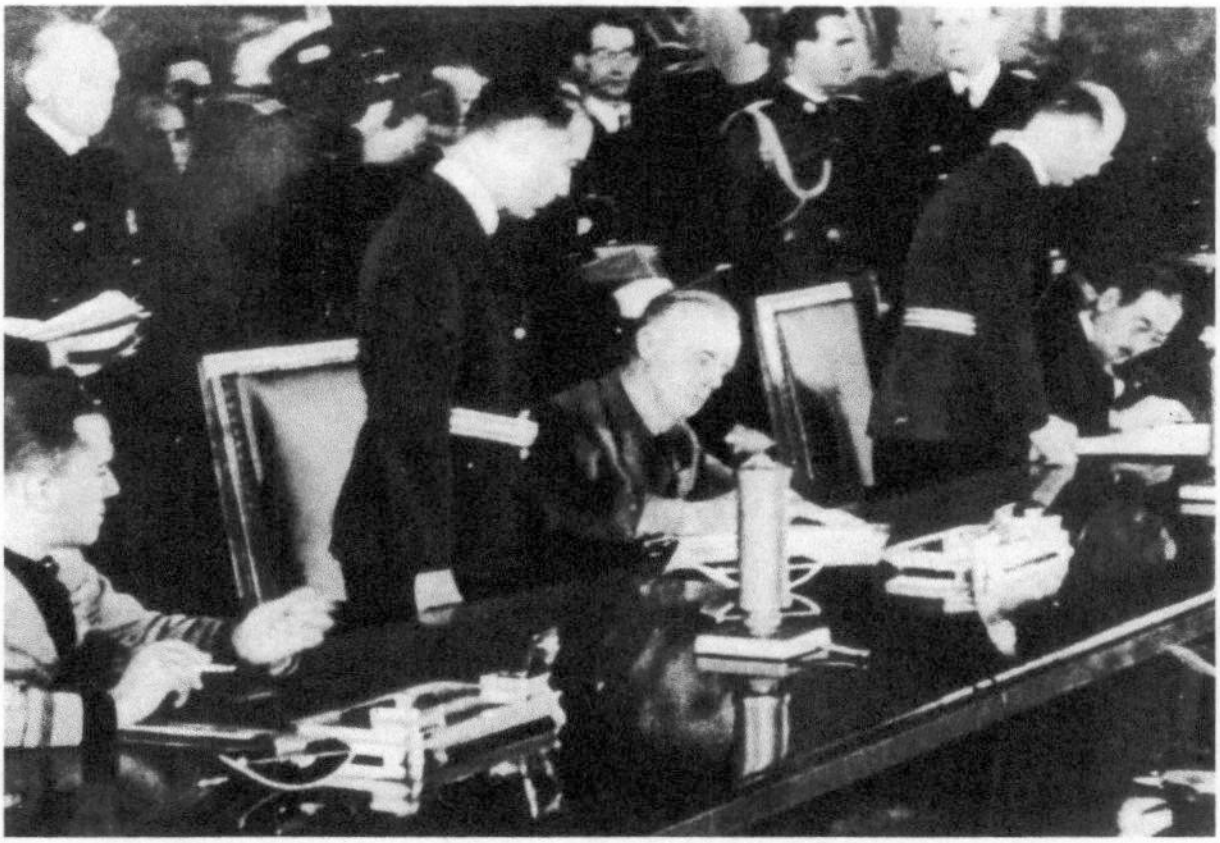

三国同盟調印。左からイタリアのチャーノ外相、ドイツのリッベントロップ外相、日本の来栖三郎大使

情景――決意を眉宇《びう》に浮かべて幾度か万歳を唱えて誓いの杯をあげる日独伊三国の世界史を創る人々、紅潮する松岡外相の頰、高く右手をあげて『ニッポン！　ニッポン！』と叫ぶオット独大使、大きな掌《てのひら》で固い握手をしてまわるインデルリ伊大使、条約の裏に〝密使〟として滞京中のスターマー〔シュターマー〕独公使がきょうは覆面を脱いでにこやかに杯を乾《ほ》す。〝世界史転換〟の夜の感動であった――」。

この日から五年後、東京は米軍の空襲によって廃墟《はいきょ》となっていた。

第四章　独ソに翻弄される松岡外交

日独伊ソ四国同盟構想

一九四六（昭和二十一）年二月二十二日、ペニシリンが充分に普及していない当時にあっては、ほとんど死病にひとしかった病気、肺結核を患い、自宅の焼け跡に残っていた土蔵の二階に臥《ふ》せっていた松岡《まつおか》は、A級戦犯として起訴され、巣鴨《すがも》の拘置所に送られた。だが、弱り切った松岡には裁判を闘う体力は残っておらず、すぐに米軍の病院に入院、さらに東大病院に移される。そこで死を迎えた松岡の辞世の句は、「悔いもなく怨《うら》みもなくて行く黄泉《よみじ》」であった。

率直にいって、松岡のごとき人物に、「怨みもなく」はともかく「悔いもなく」と詠《よ》まれては、本当に後悔していなかったのですかと反問したくなるというものだが――。

私見はともかく、一九四一（昭和十六）年の新春を迎えた松岡は、むろん自らの行く末を知るよしもなく、おおいに意気軒昂《いきけんこう》だった。

前年には、日独伊三国同盟のみならず、駐日フランス大使シャルル・アルセーヌ＝アンリとのあいだに、仏印において日本に便宜をはかることを約した協定を結び、手柄を立てた松岡である。ただし、この松岡・アンリ協定を拡げていって、北部仏印に平和裡《り》に進駐する計画だったはずが、陸軍の暴走によって武力進駐となり、日本の国際的な評判を低下させている。一九四〇年九月の北部仏印進駐事件だ。現地で事態の収拾に努めたものの、結局それが失敗に終わったことを知った西原一策《にしはらいっさく》陸軍少将の嘆き、「統帥乱れて信を中外に失う」の悲痛な一文で有名な不祥事であった。この一件と三国同盟締結によって、アメリカの対日姿勢は硬化し、太平洋《たいへいよう》上の対決へと突き進んでいくのである。

ところが、松岡は、仏印で陸軍がしでかした失敗も、アメリカの日本敵視も、意に介してはいなかった。おのが抱懐する「大構想」が実現したあかつきには、すべての問題が解決され、日本は東亜の盟主の座につくものと信じてやまなかったのだ。

その「大構想」とは、ユーラシア大同盟とでも呼ぶべきものだった。三国同盟は、この最終目標への一里塚にすぎない。それによって、日独伊の強固な連携を達成したのち、ドイツが持つソ連《れん》への影響力を利用して、日本とソ連の関係改善のために仲介役をさせるのだ。そうして、ソ連を組み入れた日独伊ソ四国協商へと導く。

かような四大国の同盟が成立したならば、アメリカとて、アジアやヨーロッパに干渉することは難しい。そうした状態を確立した上で、日米間の諸問題を、交渉により解決する一方、四国協商の力をバックに、英米を譲歩させつつ、南進政策を実行する。最終的には、日独伊ソの四国で、ヨーロッパ、アジア、アフリカを分割し、世界新秩序を打ち立てる……。

現在の眼からみれば、誇大妄想とさえ思われるかもしれない。しかし、実は、こうした発想は、日本やドイツの他の政治家にもあった。日本側でいえば、外務省の若手官僚たち、いわゆる「外務省革新派」のリーダーで、元駐伊大使の白鳥敏夫《しらとりとしお》が、一九三九年七月はじめに、日独伊ソ四国協商を形成し、中国からソ連の支援を奪うことによって日中戦争を終結にみちびき、かつ米英仏のブロックに対抗するとの意見具申をなした。

が、より重要なのは、リッベントロップの反英四国ブロック構想であろう。戦後長らく、リッベントロップは、ヒトラーの「ヒズ・マスターズ・ヴォイス」、すなわち忠実な「臣下」にすぎないとされており、彼独自の外交構想など論じるに足りないとされてきた。

しかし、ドイツの歴史家ヴォルフガング・ミヒャルカが一九八〇年に上梓《じょうし》した『リッベントロップとドイツの世界政策　一九三三〜一九四〇年』によれば、リッベントロップは日独伊ソの反英ブロック結成という、自らの外交構想を持っており、しかもヒトラーに、ある程度、そうした方針に基づいて自由な行動をなすことを黙認されていた。ゆえに、この時期のナチス・ドイツの外交には、ソ連打倒を第一義とするヒトラー路線とイギリス打倒を優先するリッベントロップ路線が混在していたのである。事実、一九四一年のドイツの対日要求を検討してゆくと、さまざまな矛盾がみられるのだが、その検討は後にまわそう。

いずれにせよ、日独伊ソ四国協商という、もしも実現していたならば戦後のNATO、あるいはそれ以上の規模になったであろう大同盟は、当時の空気のなかでは、けっして実現不可能なものとは思われていなかったのである。

さて、かかる「大構想」を抱いていた松岡は、早くも三国同盟締結交渉の際に、ドイツが日ソ関係を調停してくれるか否かについて打診していた。これに対し、オット駐日大使やシュターマー特使は色よい返事をよこしていた。とくに、一九四〇年九月十日の会見において、シュターマーが、一八七八年のベルリン会議の際にビスマルクが発した言葉を引いて「まず日独伊三国間の約定を成立せしめ、その後ただちにソ連に接近するのがよい。日ソ親善については、ドイツは『正直なブローカー』の用意がある」と応じたことは、松岡を力づけたことだろう。

従って、松岡は、一九四〇年の末ごろには、自らベルリンを訪問、ヒトラーと会談して、一気にことを決めようと策していた。そのために、四一年一月六日付で「対独伊ソ交渉案要綱」がつくられる。四国協商を成立させ、最終的には世界の再分割をはかるというのが内容だったが、とくに第四条が松岡の目標を推察させて、興味深い。そこには、「世界を大東亜圏、欧州圏（アフリカを含む）、米州圏、ソ連圏（印度、イランを含む）の四大圏とし（英国には豪州およびニュージーランドを残し、おおむねオランダ待遇とす）、帝国は戦後の講和会議においてこれが実現を主張す」とある。

イギリスにはオランダ程度の扱いをしてやればよいとは、驚くばかりの傲慢《ごうまん》さだけれど、この「対独伊ソ交渉案要綱」は、陸海軍の意見を容《い》れて、若干の修正がほどこされたのちに、二月三日の大本営政府連絡懇談会で承認された。

それを受けて、松岡は、折からのタイ・仏印国境紛争調停を片付けた翌日、三月十二日夜に、見送りにつめかけた国民の歓呼の声を浴びながら東京駅を出発した。ちなみに、まったくの余談だが、戦前の東京駅は国際ステーションだった。朝鮮や満洲《まんしゅう》を通じて、シベリア鉄道とつながっていたからだ。だから、たとえばパリ行きの切符を東京駅で購入し、列車に乗り込むことも可能だったのである。

この国際駅東京から、シベリアを越え、欧州に乗り込もうとする松岡は、ひどく上機嫌だったと伝えられている。むろん、おのれの才覚と手腕で、日独伊ソ四国協商を成立させ、大向こうの喝采《かっさい》を浴びるつもりだったからにちがいない。

だが、めざすベルリンには、すでに独ソ関係悪化の暗雲がたちこめていた。

冷徹なるモロトフ

ドイツ外相リッベントロップも、日独伊ソ四国による反英ブロックという構想を抱いていたことは、先に述べた。だから、前年、一九四〇（昭和十五）年九月の三国同盟交渉中に、松岡には日ソ間の関係改善への意思があると、特使シュターマーが報告してきたことは、彼にとっては思うつぼといったところだったろう。

同年十月、リッベントロップは具体的な行動に出た。スターリン宛ての書簡を、任地モスクワに帰任するシューレンブルク駐ソ大使に託して、モロトフ外務人民委員に提出させたのだ。

この手紙は、まず独ソ間の諸問題について、述べていた。一九三九年八月の不可侵条約締結以来、両国は、ポーランド分割に象徴されるごとく、友好関係にあったのだけれど、四〇年なかごろからは不協和音を発しはじめていた。きっかけは、バルカンをめぐる利害の対立である。

前述のように、独ソ不可侵条約に付属する秘密議定書では、北欧や東欧における両国の勢力圏が定められていた。なまな言葉を使うなら、獲物の分け前が明示されていたわけだ。ちなみに、ドイツ外務省の政治文書館には、独ソ不可侵条約交渉の際に使われていた地図が保管されているが、そこには色鉛筆で分割線が引かれた上に、さらに別の色鉛筆で修正が加えられるなど、大国のエゴイズムが露骨に示されていて、見るものに陰気な感慨を起こさせずにはおかない。

ともあれ、この秘密議定書の規定に基づき、ソ連も行動に出ていた。一九四〇年六月、バルト三国（エストニア、ラトヴィア、リトアニア）を占領、八月にソ連に併合してしまったのだ。しかし、やはり六月に、ルーマニアから、ベッサラビアと北ブコヴィナの両地方を割譲させたことは、ヒトラーを激怒させることになった。現在でこそ、市場での存在感は失われたが、今も昔もルーマニアは多数の油田を有しており、とくに第二次世界大戦当時の産出量はあなどれなかった。ヒトラーご自慢のドイツ装甲師団を動かしていたのも、実は、このルーマニアの石油だったのである。

そんな戦略地帯にスターリンが食指を動かしてきたとあっては、とうてい座視できるものではない。ソ連に刺激されたハンガリーやブルガリアが、ルーマニアに対して領土要求を突きつけたのを、リッベントロップ外相を派遣して調停させる。八月三十日、リッベントロップはウィーンでイタリア外相チャーノと会見、ルーマニアの国境問題を裁定した。

ところが、「ウィーン裁定」と呼ばれるこの調停が、ソ連にはかることなく行われたことで、今度はスターリンの不興を招く。だが、ヒトラーは、さらにルーマニアの首都ブカレストにドイツ軍を進駐させ（十月十二日）、同国の石油を死守する構えを見せた。

一方、北のフィンランドをめぐっても、独ソの不和が生じていた。秘密議定書で、フィンランドはソ連の勢力圏下と定められていたにもかかわらず、ドイツは、占領下のノルウェー最北部キルケネスへの軍隊派遣をフィンランド経由で行うことを、同国に承認させた（一九四〇年九月二十二日）。ドイツは、この事実をソ連側に通告せず、モロトフ外務人民委員の問い合わせを受けて、ようやく、フィンランドとの取り決めは政治的な意味を持たない、純粋の軍事技術上の協定にすぎないと釈明するありさまだった。

このように、独ソ関係が不穏な空気をはらむに至っていたからこそ、リッベントロップはモロトフをベルリンに招き、日独伊ソ四国同盟という、ソ連にとっても魅力的であるはずのアイディアによって、一気に両国間の問題を解決することをもくろんだのである。

かかるリッベントロップの誘いに対し、スターリンも十月二十二日、モロトフをベルリンに派遣すると回答してきた。冷戦終結後に機密解除された文書に基づいて、執筆されたロシアの研究には、このときスターリンは本気で日独伊三国同盟への加入を考えていた可能性があるとするものもある。もし、それが事実だとしても、スターリンには、同盟参加というカードを軽々に切るつもりはなく、その報奨を、できるかぎり高値につり上げるつもりだったにちがいない。そうした計算は、以下のベルリン会談でのモロトフの発言から読み取れるはずだ。

十一月十二日朝、リッベントロップは、ベルリンに到着したモロトフと、さっそく議論に入った。計四回行われた会談の第一回で、ドイツ外相は、イギリスは屈服寸前、アメリカの援助も言うに足るものではないと前置きしたのちに、日独伊ソ四国同盟案を提示する。この同盟により、四国の勢力圏を確定することができる。ドイツは西ヨーロッパから、第一次大戦前に植民地があった中央アフリカに進出、イタリアも地中海《ちちゅうかい》周辺、北アフリカや東アフリカに向かうであろう。ソ連も、海への出口を南に求めるがよろしい……。

勝手な長広舌を振るっていたリッベントロップに、モロトフが反問した。ソ連が進出すべき海とは、いったい、どの海を指すのか、と。驚いたことにリッベントロップは具体的なことを考えていなかったらしい。詰まったリッベントロップは、一般的な世界情勢や独ソ不可侵条約の両国にとってのメリットなどに話をそらし、時間を得たあとで、ようやくソ連が出ていくのはペルシャ湾、アラビア海の方面ではないかと応じたのである。

同じ十二日に、ヒトラーを交えて行われた第二回会談でも、モロトフの冷徹さは変わらなかった。独ソ不可侵条約の意義やウィーン裁定の弁護論など、漠然とした主張をするだけのヒトラーに、モロトフは、ドイツ軍のフィンランド領内通過がもたらしたあつれきを指摘し、ヨーロッパとアジアにおける「新秩序」とは何か、そこでのソ連の役割は何か、バルカンや黒海《こっかい》方面問題についてのドイツの意思はどうなのかと、あくまで具体的かつ現実に沿った質問を投げ続けた。

続く十三日の第三回会談で、独ソの食いちがいは、いよいよ明確になる。フィンランド経由の軍隊輸送の必要を訴えたヒトラーに対し、モロトフはにべもなく、同国をソ連の勢力圏とした秘密議定書の規定を、ドイツは忠実に履行すべしと答えた。何よりも、日独伊ソが協力して世界を分割、ソ連にはインド方面を与えようという提案に対し、モロトフは、そんなことはまずヨーロッパ問題を解決してからだとして、それ以上耳を傾けようとはしなかった。

最後の第四回会談には、木で鼻をくくったようなモロトフの態度が腹に据えかねたか、ヒトラーはもう出席していない。リッベントロップ一人が四国同盟論の説明に熱弁を振るったのに、モロトフは終始一貫、目の前のバルカンとフィンランドの諸問題はどう解決するのかと問い続けたのだ。

ちなみに、このベルリン会談は、しばしば空襲警報発令によって中断されている。イギリス空軍は、独ソ首脳陣の会談を妨害すべく、しきりに爆撃機を飛ばしたのである。そのため、第四回会談などは、外務大臣用防空壕《ごう》のなかで行われる始末だったが、モロトフは動じるようすもなく、散会するまぎわに、空襲警報のおかげで防空壕にこもって徹底的な討論ができたので、少しも残念でなかったと、皮肉を洩《も》らしたと伝えられる。リッベントロップには、瀕死《ひんし》の状態にあるという英帝国の領土分割を論じる会議が、なぜ、そのイギリスの空襲によってさまたげられるのかと難詰されているかのごとくに感じられたことであろう。

とにかく、モロトフにも、その背後に控えるスターリンにも、日独伊ソ反英ブロックなどという、茫漠《ぼうばく》たる構想に乗るつもりはなかった。十一月二十六日、スターリンは、ドイツ軍のフィンランドからの即時撤退やブルガリアをソ連の勢力圏内に組み込むことなどの要求を吞《の》むなら、四国同盟を結んでもよいとの回答を、シューレンブルク駐ソ大使に与えた。

かくも非妥協的な態度に、ヒトラーも、いよいよソ連と相携えていくことは不可能だと考えるようになった。総統付陸軍副官ゲルハルト・エンゲル中将の日記には、十一月十五日のヒトラー発言が記録されている。「会談は、ロシア人の計画がどこに向かって進んでいるかを示した。モロトフは、隠されていたことを洩らした。ロシアは理性に基づく結婚〔原語はVernunftehe。現代日本流にいえば、政略結婚ぐらいの意か〕さえも続けはしないだろう。ロシア人をヨーロッパに進出させることは、中欧の終焉《しゅうえん》ということになる」。

もはや外交という選択肢はない。すでに七月三十一日の時点で、対ソ戦の準備を命じていたヒトラーだったが、ここで、ついに最終的な決断を下す。

十二月十八日、ソ連侵攻「バルバロッサ」作戦を実行することを命じる総統指令第二一号が発せられたのである。

四国同盟成らず

こうした独ソ関係の悪化について、松岡は何も知らなかったのだろうか。必ずしも、そうは思えない。たしかに、松岡が外相就任直後に行った人事異動、「松岡旋風」と呼ばれる、米独仏伊ソなどをはじめとする各国に駐在する日本大使の更迭《こうてつ》は、外務省の情報収集の力を低下させていた。それでも、外務省の出先は、断片的ではあるにせよ、ドイツとソ連が険悪になりつつあることを報告してきている。そこから考えると、ヨーロッパに向かう列車の車中で、松岡は四国同盟構想とソ連との関係改善に重点を置く方向とのあいだで揺れていたのかもしれない。

実際、往路途中下車したモスクワでスターリンに初めてまみえた松岡は、日本人は政治的経済的には共産主義ではないが、伝統的に「道徳的共産主義者」であると怪気炎をあげた。あるいは、彼流の日ソ接近のための布石であったか。

ともあれ、一九四一（昭和十六）年三月二十四日夜にモスクワを発《た》った松岡の列車は、ひたすら西に向かう。ドイツ国境を越えると、鉄道沿線の両側には百メートル置きに完全武装の兵士が配置され、それがベルリンまで続くという厳戒ぶりだったという。

こうして、ナチス・ドイツの首都に到着した松岡は、ドイツを訪れた日本人としては空前、おそらくは絶後の歓迎を受けた。松岡に随行した外交官加瀬《かせ》俊一《としかず》の回想《かいそう》を引こう。

「ベルリンのアンハルター駅に着いたのは二十六日薄暮である。大日章旗が眩《まぶ》しいばかりに照明を浴びている。〔中略〕外相はハイル・ハイルの大合唱をあとにして荘重な閲兵をすますと、リ〔ッベントロップ〕外相と並んでオープン・カア《ママ》に同乗し、随員の車を従えて、市中をパレイドした。至るところ人の山、山、山である。三十万の市民が日の丸の小旗をふって歓迎したのである。昔の皇太子用宮殿シュロス・ベルビュウが提供され、ここに外相と私が住んだ。他の随員はホテルに泊まった。外相が出入するたびに、衛兵は捧《ささ》げ銃《つつ》をし儀仗《ぎじょう》兵は太鼓を打ち鳴らす。松岡はこれが気に入って上機嫌だった」。

三月二十七日、松岡は、ヒトラーと相まみえた。加瀬は、この会見にただ一人随行し、両者が討議しているあいだは、控え室で待機していた。彼の描写を、再び引用しよう。

「ところが、予定時間が過ぎても会談は終わる気配がない。スターマー〔シュターマー〕大使はしきりに腕時計をのぞく。次の行事が気になるらしい。二時間半後に総統室のドアがあき、ヒットラーと松岡が共に顔面を紅潮させて出てきた。通訳官の〔パウル・〕シュミット公使が厚いノート・ブックと二十本ほどの鉛筆を抱えている。すばやく彼により添って、『どうだった?』ときくと、彼は『松岡は凄《すご》い。総統と五分に渡り合ったよ。こんなことはモロトフ(ソ外相)の来訪以来だ。久しぶりに汗をかいた』と答えるのだった」。

この加瀬の記述だけを読むと、松岡洋右《ようすけ》は得意の雄弁ぶりを十二分に発揮し、あっぱれ独裁者と互角に交渉したというように感じられる。しかし、会議が予定より大幅に長引くというのは、おおかたの場合、よほど紛糾したか、もしくは、良いアイディアが出るなどして、予想外の進展を示したかのどちらかであろう。松岡・ヒトラー会談の場合は、前者であった。二人の議論は、大きくずれていたのである。

松岡にしてみれば、はるばるベルリンまで訪ねてきたのは、三国同盟へのソ連の加入問題を論じ、日ソ関係の改善への助力を求めるためだった。ところが、ヒトラーのほうは、そうした点には関心を示さず、イギリスは降伏直前だが、それを早めるためにも日本のシンガポール攻撃は決定的な意義を持つ、そのチャンスは、ここ二か月ほどだとまくしたてた。しかも、今ならアメリカはすぐさま対応することができないはずだと強調し、日本の対英参戦について言質《げんち》を引きだそうとする始末だったのだ。

むろん、松岡とて、ドイツ側がシンガポール攻撃問題を持ち出してくるのは、予想していた。なれど、出発前に、陸海軍統帥部から具体的な武力行使については、何もしゃべらないよう強く要請されている。もっとも、陸海軍は松岡が勝手な約束をしてしまうのではないかと不安を覚えていたらしい。やはり加瀬の回想録に興味深い記述がある。松岡を見送りに来た参謀総長杉山元《すぎやまはじめ》大将の言動についてだ。「東京駅の歓送は盛大をきわめたが、発車間際まで杉山参謀総長が外相を捉《とら》えて離さず、しきりに念を押す光景が異様に感ぜられた。シンガポール攻略について決して言質を与えるな、と申し入れていたのである」。

ここまで釘《くぎ》を刺されては、松岡といえども、独断専行はできなかった。ヒトラーに対し、松岡は、ドイツ側の主張は理解する、個人としてはシンガポール攻撃の有効性を認めていると述べながらも、正式回答は留保したままにしている。

こうして見てくると、通訳官シュミットの、モロトフの来訪以来の論戦だという寸評も、いささか皮肉なものに思われてくる。すでに述べたように、モロトフ・ヒトラー会談も、極言すれば、双方がそれぞれの主張をぶつけあっただけにすぎず、独ソの亀裂《きれつ》を確認しただけであった。同様に松岡とヒトラーの議論も、とどのつまり、日独のエゴイズムの衝突にほかならなかったのではなかろうか。ちなみに、ベルリン滞在二日目と三日目におけるリッベントロップとの会談でも、日独伊ソ四国同盟の可能性は否定され、日ソ交渉仲介についてもドイツは消極的であることがあきらかにされている。

かかる冷淡さの背景には、もちろん、ドイツがソ連侵攻を決めていたという事実があった。ヒトラーは日本に対し、もはや英米牽制《けんせい》しか期待していなかったのである。その意図を如実に示すものとして、「日本との協力について」と題された、一九四一年三月五日付の総統指令第二四号をみよう。

「三国条約に基づく協力の目的は、日本をして、可及的速やかに極東における積極的行動を取らしめることでなければならない。それによって、イギリスの強力なる戦力が拘束され、アメリカ合衆国の利害の重点が太平洋へと牽制されるであろう」というのが、その冒頭の主張である。具体的に要求するのは、シンガポール攻撃や、対英通商破壊戦への協力だった。

なお、この総統指令第二四号の第五項は、日独同盟の本質をえぐりだしていると、筆者には感じられる。そこには、「バルバロッサ作戦に関して、日本人にいかなる示唆も与えてはならない」とあるのだ（傍点筆者）。

同盟国に参戦を要求しながら、自らの企図は隠し通す。外交の世界では珍しいことではないが、これほど極端な例も稀《まれ》ではなかろうか。

一方、松岡のほうも、ヒトラーやリッベントロップの発言のはしばしから、独ソ関係の悪化をさとらざるを得なかった。日独伊ソ四国協商構想は、しょせん実現不可能な砂上の楼閣であったか。そんな認識の変化は、ベルリン滞在中に、三国同盟に加入することになっていたユーゴスラヴィアで反独クーデターが勃発《ぼっぱつ》したことにも裏打ちされていたであろう。

松岡は、いったんベルリンを去り、ローマでムッソリーニと会見したのち、ドイツに戻って、ヒトラーやリッベントロップと再度会談する。が、さしたる進展はない。四月五日、ベルリンを去って帰路についた松岡一行は、翌六日朝六時、折からの吹雪のなか、独ソ国境の小さな駅マルキニアに到着した。ドイツ側の接待で、駅長室に請《しょう》じ入れられ、熱いコーヒーを振る舞われているうちに、ラジオが臨時ニュースを流した。

ドイツ軍が、ユーゴスラヴィア侵攻を開始したのである。三国同盟加入を拒否したばかりか、ユーゴ新政権が五日にソ連と不可侵条約を結び、パン・スラヴ的な動きを示したことが、ヒトラーを激昂《げきこう》させたのだ。ちなみに、このユーゴ侵攻時におけるベオグラードへの爆撃作戦のコードネームは、「懲　罰《ベシュトラーフング》」と名付けられていた。ヒトラーの怒りが、ひしひしと伝わってくるようではないか。

しかしながら、このユーゴ侵攻のニュースを加瀬より説明された松岡は、にっこりと笑って、言った。
「君、これでモスクワの交渉はできたよ」。

スターリンの満悦

日独伊ソ四国同盟は成らなかった。ならば、せめて、日ソ関係の改善だけでも――。手ぶらでベルリンを発つはめになった松岡は、おそらく、そう考えていたのだろう。ならば、独ソの反目がつよまったほうが都合がいい。ソ連は、ヨーロッパと極東の両方で紛争に巻き込まれることを嫌い、日本に対して軟化するであろう。

かかる前提からすると、親ソ連のユーゴ新政権を粉砕すべく、ヒトラーが乗り出したというニュースは、松岡にとっては吉報なのだった。松岡は、さっそくモスクワに向かう途中で、建川美次《たてかわよしつぐ》駐ソ日本大使に、スターリンに会見を申し入れよと訓電を発した。

四月七日昼近く、赤い首都に到着した松岡は、午後四時からモロトフ外務人民委員との会見に入った。まずは、日ソ不可侵条約の無条件締結を、と切り出し、北樺太《からふと》を売却してはどうかと持ちかける。モロトフは、かねての方針を一歩も譲らず、南樺太や千島《ちしま》列島といった日露戦争で旧ロシア帝国が失った領土が回復されるのでなければ、不可侵条約は考えられないと応じた。さりながら、シベリア出兵後にソ連領北樺太に日本が持っている石油開発等に関する利権を有償で解消することが認められるなら、中立条約（締約国の一つが第三国との紛争に巻き込まれた場合、もう一方は中立を守る）を結んでもよいと、含みを残す。

続く九日の第二回交渉においても、ことは進まなかった。無条件で締結するのなら中立条約でもいい、外交的電撃戦を実行しようと持ちかけた松岡に対し、モロトフは北樺太の日本利権解消を求め、頑として譲らなかった。予想に反するソ連の強硬姿勢に失望した松岡は、フェイントをかける。交渉決裂もやむなしとブラフをかけた上で、突如モスクワを去り、北の古都レニングラードに赴いたのである。そこで、松岡は一日かけてレニングラード観光にいそしんだあげくに、バレエ『ロメオとジュリエット』までも鑑賞した。

帰国後に上奏した際、松岡は、かかる物見遊山《ものみゆさん》的なやり方について、「滞在の日延べの口実としたのでありまするが、実は、条約不成立の場合にも、なおかつ日ソ間に相当の話し合いのあったことを、英米その他に思わしむる目的と、余裕を多少取っておけば、あるいは条約成立を見るやも知れぬとの思慮にもよったものであります」と説明している。

もっとも、最初は、この戦術も奏功しなかったかと思われた。バレエ劇場から駅に直行、夜行列車で十一日朝、モスクワに帰ってきた松岡は、同日夕刻にモロトフと会談したものの、色よい返事は得られなかった。モロトフは依然として、北樺太の利権に固執しており、松岡としては、最後の譲歩をなすしかなかった。北樺太の日本利権解消に関しては、誠実かつ速やかに協議解決する意思であるという内容の英文書簡を提出する、と申し出たのである。そして、これは日本のぎりぎりの妥協であり、もし認められない場合は、中立条約の締結をあきらめ、明後日、予定通りに帰国すると、松岡はモロトフに告げた。ただ、十三日の出発前に、一度スターリンにいとまごいをしたいと、付け加えるのを忘れてはいなかった。

会談が終わり、夕食を済ませたあと、松岡は行事日程に従い、ピオネール、共産主義青少年団の本部を視察している。けれども、いよいよ焦慮を覚え、それを抑えたくなったのか、自動車に乗ると、随員とわかれ、ドライブをすると言い出した。お供は、加瀬俊一とソ連側のコスマコフ大佐という護衛のみ。そのうち、松岡は、今夜は一つ、コスマコフを慰労してやろうと、車をキャバレーにつけさせた。そうして、初歩的なストリップ・ショウを観ながら、杯を重ねているうちに（一九四一年のモスクワに、かくも資本主義的な酒場があったのかと疑問を挟みたくなるが、少なくとも当事者の加瀬は、このように記している）、日本大使館の参事官から、どんなに捜したかわからんという前置き付きで、松岡に急ぎ戻ってきてもらいたいという電話がかかってきた。松岡に会おうと、スターリンが日本大使館に通達してきたのである。加瀬から、その電話の内容を聞いた松岡は、「これで出来たな」と破顔一笑《はがんいっしょう》、事情がわからぬコスマコフ大佐に「乾杯だ」とグラスを掲げてみせ、中身を干したというのだが……。

ともあれ、翌十二日、松岡とスターリンの会見が実現した。松岡が、北樺太を譲渡しませんかと冗談交じりに問いかけ、スターリンが「そんなことをしたらこれですよ」と絞首刑にされるジェスチュアをしてみせる一幕などもあったのち、わずか十数分で交渉は妥結した。互いの領土の保全と不可侵、一方が紛争に突入した場合に他方は中立を守るとした日ソ中立条約が成立したのである。ちなみに、争点となっていた北樺太問題は、同地域の利権解消を「数か月内に解決すべく努力する」とした書簡を、松岡がモロトフ宛てに渡すことで解決した。

日ソ中立条約調印。サインするソ連のモロトフ外相。その右にスターリン、松岡洋右

つまり、松岡の焦《じ》らしが、最終的には成功し、スターリンも日本に譲歩したように見える。されど、赤い独裁者には思惑があった。

すでに、この時期になると、東京のドイツ大使館に食い込んでいたリヒャルト・ゾルゲやヨーロッパのスパイ・ネットワーク「赤いオーケストラ」をはじめとする、さまざまな情報源から、ドイツがソ連を攻撃する可能性があるという警告が、多数クレムリンに伝えられている。結果的には、スターリンはこれらを信用せず、独ソ戦の緒戦で奇襲を受けたソ連軍は惨敗するわけだが、欧州方面がきなくさくなっていることはわかっていた。

かような情勢下にあっては、日本と中立条約を結ぶことは、東西二正面戦争をまぬがれ、かつ、日本の同盟国ドイツに対し、間接的に友好のジェスチュアを示すという、一石二鳥の意味があったのだ。加えて、スターリンは、それ以上のことを期待していた。背後の安全を保障してやることにより、日本は安心して南進するだろうと考えたのである。

こうしたもくろみが、日ソ中立条約となって実現したのだから、スターリンがいつになくご満悦だったのも無理はない。四月十三日午後三時、クレムリンで行われた調印式の際、スターリンは、日本の南進のために乾杯したという。しかも、調印式後の酒宴の際、出発予定時刻の五時が近づいてくるのを、加瀬が気にしているのを見て取ったスターリンは、電話で国際列車の出発を一時間延ばすように命じ、存分に飲むよう、一同をうながした。

松岡としても否やはない。彼もまた上機嫌だった。電撃的な日ソ中立条約締結で、蔣介石《しょうかいせき》の中国が動揺する隙を衝《つ》き、日中和解に持ち込む。同時に、悪化する一方の日米関係も、これを機に、一気に打開するのだ。松岡はすでに、そのための布石を打っていた。旧知の間柄であるアメリカのローレンス・スタインハート駐ソ大使と、三度にわたり密会し、必要とあらば自ら訪米し、大統領と会談する用意があると打ち明けていたのである。

三国同盟、日ソ中立条約に続き、対中・対米問題をも解決した、偉大な外相として歴史に名を残す。そんな夢と野心が現実のものとなろうとしている。高揚した松岡はシャンペンやウォッカをあおった。酒宴が終わり、駅に送られるころには、彼はもう千鳥足になっており、見かねた加瀬が、カメラマンがいるから気をつけてくれとささやくと、「松岡洋右は断じて酔っておらん」と叫ぶありさまだった。

そこにまた椿事《ちんじ》が起こる。外国の賓客《ひんきやく》といえども、ついぞ見送ったことのないスターリンが、モロトフと肩を組んで、駅頭に現れたのである。スターリンは、ロシア式に松岡を抱きしめ、別れの挨拶《あいさつ》を投げた。松岡ばかりではない。酔ったスターリンは、眼につく随員を抱きしめ、ソ日協力を口にしたのだ。

詐欺師が、お人好《ひとよ》しのカモに示す愛情に似ていると評したら、言い過ぎになるか。もっとも、すべてが終わった今日とはちがい、一九四一（昭和十六）年四月十三日の世界情勢は、いまだ混沌《こんとん》としている。

日ソ中立条約の果実を味わいつくすのは、スターリンか、松岡洋右か。

両者ともに、それは自分だと確信しつつ、偽りの抱擁を交わすのだった。

第五章　亡国の戦争へ

日米諒解案

さて、松岡《まつおか》が欧州歴訪の旅に出ているあいだ、その去就が注目される最大の中立国アメリカには、いかなる事態が生じていたか。

すでに触れた、米英の駆逐艦・基地交換協定（対潜水艦作戦用兵力の不足に悩むイギリスに、五十隻の旧式駆逐艦を給与する代わりに、アメリカはイギリス領土内に基地を租借する）に代表されるごとく、アメリカは、中立国でありながら、その立場を踏み越えるような政策を採用していた。かかる姿勢は、三国同盟の締結や日本の北部仏印進駐を受けて、いっそう強硬なものになっていた。

一九四〇（昭和十五）年の大統領選挙に、三選をめざして立候補したローズヴェルトは、アメリカ大陸にクリストファー・コロンブスが到達したことを記念する祝日、「コロンブス・デイ」（十月十二日）の演説で、はっきりと宣言している。「欧州とアジアのいかなる独裁国家の連合も、我々自身と民主主義とのために邁進《まいしん》する途上で、我々を止めることなどできないだろう。独裁国家を追い詰めるために現在戦っている、ほとんど最後の国民〔イギリス国民を指す〕に、我々が与える援助も中止させたりはしない」。

ローズヴェルトは、約束を違《たが》えはしなかった。三度目の任期に入った大統領は、翌一九四一年三月十一日、「武器貸与法」を成立させる。これは、従来の、交戦国の武器購入は現金支払いでなければならず、かつ運搬は、購入国が自国の船舶で行うとの「現金《キャッシュ・》と輸送《アンド・キャリー》」の原則を廃止し、アメリカが自らの防衛に重要であると認めた国には、即時の武器貸与を可能とするものだった。

それだけではない。続く三月二十五日には、ローズヴェルトはアメリカにおけるイギリス艦船の修理を認め、三十日には、在米の枢軸国船を接収している。なお、アメリカで修理されたイギリス艦船第一号が、戦艦「マレーヤ」であったことは、かかる措置の意図が何であったかを、明瞭《めいりょう》に物語っているといえよう。

これらの措置は、中立国の義務に反するものであり、国際法に違反するという声は、アメリカ国内にもあったのだが、ローズヴェルトは耳を貸さなかった。すでに大統領は、枢軸国を打倒するために、アメリカの力を動員すると決意していたのである。

その意志は、むろん独伊と結んだ日本にも向けられていた。おもに経済圧迫を中心とする措置をかけてきたのは、先に述べた通りだ。資源に乏しく、アメリカからの輸入に頼らざるを得なかった島国日本としては、まさに国家存亡の機だったといえる。ゆえに、日米関係改善は、喫緊《きっきん》の急務になっていた。とはいえ、正式の外交ルートでの交渉は、日本とアメリカの根本的な立場の相違が浮き彫りになるばかりで、打開のきざしはいっこうになかった。

そこに現れたのが、日米の三人の民間人である。

日本側の一人は、井川忠雄《いかわただお》という、長く米国に駐在した経験を持つ、元大蔵官僚である。一九三六（昭和十一）年に大蔵省を辞め、以後、産業組合中央金庫の理事として、おもに金融関係の実務に携わっていた井川だったが、この間に政策研究グループ「昭和研究会」などを通じ、近衛文麿《このえふみまろ》の知遇を得ていた。

アメリカ側の二人は宗教関係者で、カトリックのメリノール会司祭のジェイムズ・ウォルシュと同会神父のジェイムズ・ドラウト。メリノール教会は、アジアでの宣教に積極的で、アメリカ政府ともつながりがあった。その教会の司祭や神父ともなれば、社会的地位も高かったのだ。

このウォルシュとドラウトは、日米親善論者であったローズヴェルト政権の郵政長官フランク・ウォーカーの示唆を受け、一九四〇年十一月に来日した際、日本の政財界や軍部の有力者と会見、和解の可能性を瀬踏みした。そのとき、案内役をつとめたのが井川だったのである。帰国後に、両師は、こうした見聞を報告書にまとめ、ローズヴェルト大統領とコーデル・ハル国務長官に「ウォルシュ覚書」を提出している。

一方、日本側でも、このルートを日米諒解《りょうかい》に結びつけられないかという発想が生まれ、それは水面下で動き出していた。ウォルシュとドラウトに会った要人たちの多くは、民間チャンネルでの交渉に期待はかけられないとしていたが、近衛首相だけは、井川とウォルシュが持ちかけてきた、ハワイで日本首相とアメリカ大統領が頂上会談を行い、中国問題を解決するという構想に心動かされていたのだ。

ただし、彼らが言うごとく、そう順調にことが運ぶかどうか。不安を感じた近衛は、井川に話を進めるよう命じながら、松岡外務大臣や、一九四〇年十一月に駐米大使に起用された、元外相にして海軍大将である野村吉三郎《のむらきちさぶろう》にも、井川・ウォルシュ・ドラウトのルートでの接近は、いっさい打ち明けなかった。これが、日米交渉史に千載《せんざい》の悔いを残すことになる松岡の造反につながるわけだが、その経緯については後段に譲ろう。

一九四一年二月末、米国首脳部の意向を打診し、それを報告せよとの近衛総理の密命を受けた井川は、ワシントンに現れた。以後、井川はウォルシュやドラウト、ときにはウォーカー郵政長官とともに、日米諒解案を練る。そのもようは、日本大使館を通さず、井川から近衛宛てに直接報告されていた。

四月はじめには、野村大使がアメリカに赴くときに、日中戦争の事情に詳しいものをと東條英機《とうじょうひでき》陸軍大臣に乞《こ》うて、補佐官として付けてもらった前陸軍省軍事課長岩畔豪雄《いわくろひでお》大佐も、これに加わった。井川から、交渉の実態を打ち明けられた岩畔は、おおいに乗り気になり、積極的に参入したのである。また、岩畔大佐がかかわったことにより、日本大使館にも情報が伝えられるようになり、井川らの交渉は公的な性格を持ちはじめるようになった。

四月十六日、野村大使は、人目を気にしつつ、ウォードマン・パークホテルの裏階段を上った。ハル国務長官のアパートメントを訪れ、井川たちがまとめた「日米諒解案」について協議するためである。この秘密会談、いわゆる「裏はしご」会談において、ハルは、「日米諒解案」を、今後の政府レベルでの協議の出発点とすることに合意した。

この「日米諒解案」は相当大部のもので、紙幅の都合上、すべてを詳述することはできない。が、その主要七項目だけは列挙しておこう。
一、日米両国が抱く国際観念ならびに国家観念。
二、欧州戦争に対する両国政府の態度。
三、日中戦争に対する両国政府の関係。
四、太平洋《たいへいよう》における海軍・航空兵力ならびに海運関係。
五、両国間の通商と金融における提携。
六、南西太平洋方面における両国の経済活動。
七、太平洋の政治的安定に関する両国政府の方針。
このように、いずれの項目も多岐にわたる問題を扱っており、一筋縄ではいかないのだけれど、とりわけ重要なのは、第二項と第三項だった。第二項を議論すれば、アメリカは日本を三国同盟から離脱させようとはかってくるだろうし、逆に、日本はアメリカの対独参戦を押しとどめることに努力を傾注するであろう。いきおい、この項目では、日米の熾烈《しれつ》な論戦が予想されるのだった。

また、第三項では、アメリカは、①中国の独立保全、②日本軍の中国よりの撤退、③中国領土の併合なし、④賠償金取り立てもなし、⑤門戸開放の復活、⑥蔣介石《しょうかいせき》政権と汪兆銘《おうちょうめい》政権（一九四〇年三月南京《ナンキン》に樹立された親日政権）の合流、⑦中国への日本の集団移民の自制、⑧満《まん》洲《しゅう》国の承認といった、全八項目の受諾を前提に、アメリカが日中和平の斡旋《あっせん》に乗り出すとなっていたのである。

つまり、必ずしも日本にとって有利なことばかりではない「日米諒解案」だったにもかかわらず、日中戦争の手詰まりに頭を抱えていた日本政府や陸海軍指導部は、これをアメリカが軟化したしるしとみて、おおいに歓迎した。

四月十八日、野村・岩畔からの「日米諒解案」を伝える第一報を受けた陸軍首脳部は、岩畔が、おのが構想のままに独走しがちな人物であったことから、これも何かの策略ではないかと警戒しながらも、好意的に受け止めた。東條陸軍大臣は、アメリカの提案に関しても、日中戦争処理が根本的第一義であり、従って、この機会をはずしてはならぬと明言した（四月二十五日、近衛総理に対する発言）。陸軍省軍務課長佐藤賢了《さとうけんりょう》大佐も「これで支那《しな》事変が解決されるのだから、俺はものにしたい」と乗り気になっている。

他方、海軍も「日米諒解案」に希望を抱く。伏見宮《ふしみのみや》の後任として、軍令部総長となった永《なが》野《の》修身《おさみ》大将は、海軍出身の野村大使の手柄に喜び、「野村でなければ、できないことだ。これで決めて早くやろう」と発言した。及川《おいかわ》海軍大臣も、「米国と戦争になってよいかといえば、それはならぬ方がいい」と相好をくずす。

このように、陸海軍が了承した上に、近衛首相も「日米諒解案」を「日米戦争回避の絶好機会」としたから、話は早い。「日米諒解案」到着の夜に開かれた大本営政府連絡懇談会は、ほとんどが受諾すべしの論に傾いたという。民間人が手を付けた日米和解の試みが、ついに両国の政府を動かそうとしていたのだ。

しかし、まだ決定を下すことはできなかった。なぜなら、日本外交の最高責任者たる松岡洋右《ようすけ》が帰国の途上にあり、彼の見解を待つ必要があったからである。

我を通す松岡

そのころ、松岡洋右はシベリアの旅を終えて、満洲に入り、四月二十日には大連《だいれん》に宿泊していた。近衛は、ただちに松岡の宿舎にあてられていた満鉄総裁公邸に電話連絡を行い、米国から重要な申し出があったので至急帰京されたしと要請している。そればかりか、東條陸軍大臣の専用機を大連飛行場に迎えにいかせるとまで言われたのだから、松岡は舞い上がった。実は、シベリア横断中に、例のスタインハート駐ソ大使から、松岡の申し出をローズヴェルト大統領は好意的に受け止めているという電報を受け取っていたので、近衛のいう米国の申し出とやらも、そちらの工作への反応かと誤認したのであろう。実際、松岡は、近衛との電話を終えるなり、晴れ晴れとした笑顔を見せ、「さあ、つぎはアメリカへ飛ぶぞ」と言い放った。

けれども、松岡の高揚は、長くはもたなかった。「日米諒解案」の内容に、これは、松岡が留守にしている隙に、日中戦争の仲介や満洲国の承認といったアメをしゃぶらせて、三国同盟を事実上解体させてしまおうとするアメリカの謀略ではないかと疑った大橋忠一《おおはしちゆういち》外務次官が、二十二日、外相の乗る飛行機が着く立川《たちかわ》飛行場に駆けつけ、ご注進に及んだのである。

寝耳に水の「日米諒解案」を突きつけられた松岡の怒りはすさまじく、ついには近衛に対し、子供じみた振る舞いに及んだ。当初、近衛は出迎えにくるつもりはなかったのだが、「日米諒解案」のことをうまく松岡に切り出すためには、自分が直接立川に赴いて、そこから東京への自動車に同乗し、話してやるのがよかろうと思い直したのだった。

ところが、松岡は、この日すぐに宮中に参内することになっていたにもかかわらず、まず二重橋《にじゆうばし》前で宮城（皇居）を遥拝《ようはい》したいと言い出す。今でいうパフォーマンスの好きな松岡は、そのありさまを、取材に来た多数の報道カメラマンに撮影させるとしたのだ。五摂家《ごせっけ》の筆頭、名門中の名門である近衛家の当主にしてみれば、とうてい肯《がえ》んじがたい、下卑《げび》たやりようである。ゆえに、近衛は松岡の車への同乗を拒み、車中会談は実現できなかった。

ただし、近衛の代わりに車に乗った大橋が、車中「日米諒解案」のことを話し、それを聞いた松岡が顔色を変えたという証言もある。その場合、宮城遥拝は、近衛に対する嫌がらせではなく、単に松岡の派手好みだったことになるのだが――。

ちなみに、近衛が松岡の車に乗らなかった理由については、別の説明もある。握手を求めた近衛に、松岡は左手を差し出したというのだ。いうまでもなく、左手の握手は不作法であり、場合によっては離別の申し出とも取られかねない。西欧滞在経験がある近衛に、それがわからないはずはなく、侮辱と理解したというのである。

ただし、念の入ったことに、松岡は、右手の握手を避ける言い訳の用意をしていた。モスクワの駅頭で見送りに来たスターリンに挨拶《あいさつ》するため、列車から降りようとしたときにつくった擦り傷に、おおげさに包帯をしていたというのだ。もし、こちらの挿話が本当だとすると、松岡は、大連から立川への旅の途中で「日米諒解案」のことを聞きつけ、近衛に意趣返しをしようと準備していたのかもしれない。

いずれも、真偽の判断がつきかねることではあるものの、こんな話が流布されること自体、おのれのあずかり知らぬところで進められた「日米諒解案」に対し、松岡が感じた不快の大きさを示しているといえよう。

実際、松岡は、「日米諒解案」への敵意を隠さなかった。帰朝当日の四月二十二日午後九時二十分から開始された大本営政府連絡会議において、野村案（「日米諒解案」）は話がちがう、従来アメリカには日中和平につき蔣介石に勧告してくれと持ちかけただけで、全面的な関係改善については関知していないと言い放つ。

さらに、アメリカには、第一次世界大戦のとき、石井《いしい》・ランシング協定を結んで太平洋方面を安全にした上で参戦、戦争が終わると、それを廃棄した前科があると主張した松岡は、ゆえに「日米諒解案」も検討が必要、少なくとも二週間から二か月は考えさせてくれとして、十一時ごろに、ただ一人中途退席して、帰宅してしまったのである。それどころか、そのあとも、持病が悪化し、静養しているとの理由で、私邸にひきこもっている始末だった。

なんとも呆《あき》れはてた行動であるけれど、政府も統帥部も交渉開始という点で意見が一致しており、かつアメリカへの回答もそう先延ばしにできないのだから、松岡を放っておくわけにはいかなかった。ために、陸軍省軍務局長武藤章《むとうあきら》少将と海軍省軍務局長岡敬純《おかたかずみ》少将が、かわるがわる説得に訪れたが、雄弁ないしは饒舌《じょうぜつ》で知られた松岡を説き伏せるなど、できない相談だった。あるときなどは二人して訪ね、日米和解を強調した武藤と岡に対し、逆に、何をぐずぐずしている、早く南部仏印も取ってしまえと、松岡よりハッパをかけられたこともあったという。

実は、この間、松岡は病気療養を装って、ひそかに陸海軍の青年将校を扇動し、彼らをして行動に出させることによって、「日米諒解案」を粉砕しようと策動していたとの説もある。武藤や岡に対する発言からすれば、あり得ないことではないかもしれない。

とはいえ、さしもの松岡といえども、国家の一大事を知らぬ存ぜぬのままで済ませるわけにはいかなかった。五月三日の連絡会議に出席した松岡は、アメリカに中国から手を引かせる、三国同盟に抵触しない案にする、ドイツに対する信義を守り、アメリカの欧州戦争参戦を阻止することといった、いわゆる「松岡三原則」を打ち出した。

「日米諒解案」の内容に比し、はるかに敵対的なものといえよう。されど、松岡は自信満々で、さらに日米中立条約を提案し、三国同盟堅持を主たる内容とする「オーラル・ステートメント」(口上書)をハル国務長官宛てに出すと主張、一同を押し切った。

五月七日、野村駐米大使はハル国務長官を訪問、この松岡の日米中立条約提案と口上書を伝えた。ただ、野村は、松岡の口上書がハルの感情を損なうことを恐れ、同書を手交せず、飛ばし読みしたあげくに、「いろいろよくないことが書かれていますが、お渡ししますか?」と尋ねた。ハルの答えは、その必要はないというものだった。実は、暗号解読により、口上書の内容を事前に知っていたのである。

続いて、ハルは、米国はヒトラーに対し、十年二十年でも自らの権益を守り続けるとの見解を披瀝《ひれき》した。そして、アメリカは迅速なる行動を必要とする旨を述べ、「トゥー・レイト（遅すぎる）にならないうちに、早く交渉を開始したい」と、繰り返し強調したのだ。

意味深長な言葉の裏側には、ハルが、ドイツのソ連侵攻間近という情報を得ていたことがあった。なんとしても、独ソ戦がはじまる前に、日米和解のきっかけをつかみたい。さもなくば、せっかくの日米国交調整も、独伊やソ連に与える衝撃力を失ってしまう。そう考えたハルは、「トゥー・レイト」を避けるべく、必死に野村に訴えたのだった。

のちの対日戦を決意したころならいざ知らず、アメリカは、この時期まだ日本との諒解を模索していたのである。いわば、ごく細い糸ながら、平和の可能性は太平洋上に保たれていたのだが——松岡が、それを断ち切ってしまった。

以後、六月下旬に至るまで、野村とハルは、何度となく会見し、「日米諒解案」について折衝する。けれども、挑戦的な松岡が外務省のトップにいるあいだは、本質的な意味での交渉の進展は望むべくもなかった。

かかる状態にあって、外相更迭《こうてつ》論が頭をもたげる。これ以前、松岡が私邸にひきこもっていたころから、あんな外務大臣は辞めさせてしまえという声が上がってはいた。こうした流れを速めたのが、五月八日に昭和天皇に上奏したときの松岡発言である。

松岡は、日米交渉は期待できぬとほのめかした上で、アメリカが参戦すれば日本はシンガポールを討つべきだとした。さらに、米国が交戦国となれば欧州戦争は長引き、独ソ衝突もあり得る、その場合は、日本も中立条約を廃棄して参戦、イルクーツクあたりまで行きましょうと述べた。日米関係の改善を願っていた昭和天皇が、いかに困惑したか、眼に浮かぶようである。

憂慮した天皇は、松岡が退出したあと、木戸幸一《きどこういち》内大臣に、ただ今の外務大臣の上奏内容を総理に伝え、対処するよう命じる。しかも、「外務大臣を取り替えてはどうか」というお言葉まで付け加えていたのだった。天皇陛下に、かようなことまで言わせたとあっては、横着な近衛といえども、動かぬわけにはいかない。

同日夜、東條陸軍大臣と及川海軍大臣を荻窪《おぎくぼ》の私邸に招いた近衛は、松岡対策について密議をこらした。このとき、東條陸相などは、精神の正常な外務大臣を求めたいとまで極言したと伝えられている。

松岡排斥を掲げた船の帆に、いよいよ追い風が吹いてきたのだった。

独ソついに開戦す

かくて、日米交渉を直接のきっかけとして、日本政府内部の政争が波乱含みになってきたころ、欧州でも巨大な爆弾が破裂した。一九四一（昭和十六）年六月二十二日、ドイツは「バルバロッサ」作戦を発動、不可侵条約を無視して、ソ連に侵攻したのである。

戦前日本の指導者たちは、一般に情報に鈍感だと批判されることが多い。だが、彼らといえども、これほどの大変動となれば、あらかじめ察知していた。最初に、独ソ戦切迫の兆候ありと、東京に伝えてきたのは、四月十六日付の大島浩《おおしまひろし》駐独大使の報告電だった。四月十日、リッベントロップ外相と会見した大島は、ソ連の出方によっては、ドイツは今年中にも対ソ戦を開始するかもしれないと告げられたのだ。ついで、十四日にシュターマーと会談し、独ソ戦近しというリッベントロップ発言の、いわば裏を取った大島は、急ぎ、この報を東京に伝えた。

折から、日ソ中立条約が結ばれたばかりである。その直後に、こんな情報が入ってきたのだから、日本政府も陸海軍統帥部もいぶかしむばかりであった。が、大島報告のみならず、ドイツ軍から情報を聞き出した駐独陸軍武官からも、同様の知らせが飛んでくる。

ために、松岡外相も、ドイツの意向を探るべく、五月二十八日に、可能な限りソ連との武力衝突を避けるよう希望している、もしも、この件について意見があれば、率直に表明してほしいという内容のメッセージを送った。

これを受けて、重大な会談がなされた。六月三日から四日にかけて、ヒトラー総統とリッベントロップ外相は、ベルヒテスガーデンの山荘に大島駐独大使を招き、独ソ開戦は必至であると論じてみせたのだ。六月五日に大島がこの会見の内容について、長文の報告を打電するとともに、東京でも緊張が高まる。

しかし、松岡外相だけは、独ソ開戦はなかろうと、楽観的であった。六月六日、宮中に参内した際も、独ソ関係については協定成立六分開戦四分との見通しを昭和天皇に述べたかと思うと、同日の大本営政府連絡懇談会では、ドイツには戦争の大義名分が必要だから、まず交渉で条件をだし、しかるのちに開戦するだろうと述べている。

あるいは、自分が仕上げてきたばかりの日ソ中立条約が、独ソ戦開始によっては、日本の行動の自由を奪うことになるやもしれぬと思い当たり、そんなことは心情的に認めたくないと、希望的観測におちいっていたのかもしれない。

一方、伝統的にソ連を仮想敵国としてきた陸軍は、独ソ戦は既定の事実となったも同然と判断し、陸軍省や参謀本部にあっては、この一大転機にどう対処すべきかで、激論が交わされた。その結果、大きく分けて、三つの論が定まってくる。

第一は、南進論であった。独ソ戦により、ソ連の戦力がヨーロッパ方面に吸収されて、ソ満国境や蒙古《もうこ》方面の脅威が少なくなるチャンスを狙い、南部仏印に進出、そこからマレーや蘭印の攻略を試みようというのだ。これを主唱したのは、陸軍省軍務課であり、参謀本部でも作戦課長土居明夫《どいあきお》大佐や欧米課長天野正一《あまのまさかず》大佐などが賛成していた。

第二は北進論。ドイツと呼応して参戦し、極東ソ連を占領して、北方の脅威を永遠に消滅させようというものだった。この対ソ武力行使を積極的に訴えたのは、参謀本部作戦部長の田中新一《たなかしんいち》少将である。

第三は、南北準備陣と呼ばれる主張だった。この際、対ソ、対米英のいずれの対決も避け、北方南方の双方において兵力を充実させ（具体的には、満洲に展開する関東軍の兵力増強と南部仏印への進駐）、他日を期そうというのだ。これを唱えたのは、陸軍省軍事課や参謀本部戦争指導班などであった。

かかる三つの流れのいずれを選ぶべきか、六月五日から連日討議がなされ、十四日には「情勢の推移に伴う国防国策」の陸軍原案が成立をみている。その内容は、いささか日和見《ひよりみ》のにおいがするものだった。南北両方面で戦略的な準備態勢を整えつつ、独ソ戦の推移により好機が生じた場合に、対ソ戦を遂行するというのである。

最後に、海軍はどうかといえば、これまた伝統の南方重視方針に従い、独ソ戦には介入せず、対ソ戦用の兵力強化も不可、ただソ連の窮境に乗じて、日ソ間のさまざまな問題を解決するのがよしとする「独ソ新事態に対する措置」を決めている。

こうして、政府や陸海軍がかたずを呑《の》んで見守るなか、前述のごとく、六月二十二日に独ソ戦がはじまった。松岡は、ちょうど歌舞伎座で汪兆銘南京政府主席とともに『修禅寺《しゅぜんじ》物語』を観劇中だったが、舞台が終幕に近づくころ、独ソ開戦を伝えるメモを手渡され、そくざに昭和天皇に上奏すると言い出した。

松岡は、参内するや、独ソが開戦したからには、日本もドイツと協力してソ連を討つべきだとし、そのために南方は一時手控えることになるが、こちらも早晩戦争になると述べたてた。そして、天皇を驚倒させる結論を口にする。

「結局日本は、ソ連、米、英を同時に敵として戦うことになる」と。

一九九一（平成三）年に公刊された『昭和天皇独白録』には、松岡はヒトラーに買収されたのではないかという激しい発言が記されており、国民を驚かせた。されど、かくも非常識な上奏をされたのでは、昭和天皇が松岡に対し、強い不信を抱いたのも無理はないと思われる。なかには、松岡と親しかった加瀬俊一《かせとしかず》のように、松岡はもともと日ソ中立条約よりも三国同盟を優先する方針だったと証言するものもいるが、米英ソを同時に敵とするなどといったせりふを聞くと、やはり松岡外交は破綻《はたん》を運命づけられているものだったという感想を禁じ得ない。

ともあれ、ドイツのソ連侵攻という一大転換に直面し、日本は、あらたな国策を検討しなければならなくなった。まず、陸海軍の意見を統一しなければならぬということで、独ソ開戦の翌日、六月二十三日に陸海軍それぞれの軍務局長や参謀本部と軍令部の作戦部長が会議を開く。この席で海軍側が、好機あらば対ソ戦も敢《あ》えてなそうとする陸軍の主張に譲歩し、翌二十四日「情勢の推移に伴う帝国国策要綱」の陸海軍原案が定められる。その第三項には、「独ソ戦争の推移帝国のため、きわめて有利に進展せば、武力を行使して北方問題を解決し北辺の安定を確保す」とある。

いわゆる「熟柿《じゅくし》主義」が採用されたのだった。読んで字のごとく、頭上の柿の実が熟れて落ちてくる、つまり、ドイツの打撃に耐えかねて、スターリン政権が大きく動揺したときに、極東のソ連領土を労せずして得ようというのであった。

さりながら、先に紹介したように、田中新一参謀本部作戦部長を中心に、状況にかかわらず、武力を行使して、極東ソ連を制圧しようという議論も根強く残っていた。こちらは、柿の実が熟しておらず、まだ渋い味だったとしても、木を揺さぶって取るほうがよいのだという意味をこめて、「渋柿《しぶがき》主義」と呼ばれた。

来るべき日ソ関係の切所において、われわれは、この「熟柿主義」と「渋柿主義」が混在し、奇妙な様相を呈するのをみることになる。

一九四一（昭和十六）年六月二十五日から七月一日まで、政府と統帥部は連絡懇談会を開き、新しい国策について、連日討議した。独ソ戦への対応のみならず、このころには南部仏印進駐問題が起こっていたので（後述）、そちらも議論しなければならなかったからだ。ちなみに、この連絡懇談会は日曜は休んでいた。

かかる危急の時なのだから、日曜返上で討論したらどうかと、筆者は思うのだけれど、そういう意識はなかったらしい。日米開戦の日、一九四一年十二月八日にあっても、陸海軍省や参謀本部、軍令部の庁舎の明かりは、定時になると消えてしまっていたという挿話が連想されもする。

それはともかくとして、この会議の席上、松岡は「熟柿主義」を不満として、対ソ即時参戦論を主張している。とくに六月二十七日の発言は、常軌を逸したものだったとさえいえよう。「独ソ戦が短期に終わるものと判断するならば、日本は南北いずれにも出ないということはできない。短期に終わると判断すれば北を先にやるべきである。〔中略〕ソ連を迅速にやればアメリカは参戦しないであろう。〔中略〕ソ連と戦う場合に、三、四か月ぐらいならアメリカを外交的におさえる自信をもっている。統帥部案のごとく形勢を観望すると英米ソに包囲されるであろう」。

もしも、独ソ戦が長期化した場合は、どう対応するのか。

アメリカを外交的に抑える自信があるというが、具体的な根拠はあるのか。

いくらでも疑問がわいてくるものの、松岡はひたすら怪気炎をあげ、「虎穴《こけつ》に入らずんば虎児を得ず、よろしく断行せよ」と、お得意のフレーズを使って、決心を迫ったのである。

かかる松岡の強硬論によって、統帥部も譲歩し、「情勢の推移に伴う帝国国策要綱」の「独ソ戦争の推移帝国のため、きわめて有利に進展せば、武力を行使」の一節から、「きわめて」を削ったのだった。

続く六月三十日の連絡懇談会も、対ソ参戦問題で紛糾した。というのは、この日、オット駐日大使を通じて、ドイツ政府からの正式参戦要求が伝えられたからである。これ以前にも、リッベントロップ外相は、あるいは大島駐独大使に参戦論を吹き込み、あるいはオット大使をして、日本政府や軍部の要路にはたらきかけさせていたが、とうとう決定的な問いかけをなしたわけだ。

これを受けて、松岡は南進を延期してでも、対ソ参戦すべきだと主張する。が、さしもの松岡の弁舌も、南方制圧、とりわけ南部仏印を押さえることを切望する統帥部内の抵抗を押し切ることはできなかった。ゆえに、対ソ参戦は決まらぬまま、「熟柿主義」の「情勢の推移に伴う帝国国策要綱」が、七月二日の御前会議で裁可され、日本の方針が決まることになる。

しかし、対ソ参戦を可能とするような状況というが、具体的には、いかなる要件を満たせば、武力を発動すると考えていたのか。これについては、六月二十五日の連絡懇談会で杉山《すぎやま》元《はじめ》参謀総長が、極東ロシアでの動乱発生、極東兵力の西送（いうまでもなく、対独戦に用いるためである）、ソ連政権の崩壊などをあげている。また、参謀本部内部では、極東ソ連軍の総合戦力が、独ソ開戦前の半分以下になれば、戦争ができると考えていた。

もっとも、仮に条件が整ったところで、軍事的準備が未成では、作戦はできない。そこで、「帝国国策要綱」の「ひそかに対ソ武力的準備を整え」るという規定に従い、陸軍は兵力増強を開始した。極東ソ連軍に対する兵力の優位を確保すべく、第一段階では十六個師団（関東軍十二個師団、朝鮮軍二個師団、本土から二個師団）を動員輸送（平時編制を強化し、戦時編制に移す）、第二段階では、中国北部から二個師団、本土から四個師団を動員輸送するのである。関東軍特種演習、「関特演」と略称された一大動員である。これを実行するため、動員を予定された人員は八十五万、徴用予定船舶は八十万トンにおよび、日本国内は、ものものしい空気に包まれた。

ところが、日本の対ソ参戦論者たちが期待した、ヨーロッパ戦線におけるドイツ軍の進撃は、しだいに鈍くなっていた。開戦当初こそ電撃的な前進を示したドイツ軍であったものの、七月中旬になると、中部ロシアのスモレンスク付近でソ連軍の激烈な抵抗にあい、足踏みしだしたのである。戦後、大島浩は、戦線視察に赴いたときのエピソードを、以下のごとくに語っている。

モスクワをめざすドイツ軍の主力、中央軍集団司令官フェドーア・フォン・ボック元帥を訪ねたところ、前進を重ねているというのに、元帥は「予想外に時間がかかった」と顔色がさえない。理由を聞くと、ボックは、火を付けかけていたシガレットを卓上に置き、その両脇に別の二本を並べると、指で真ん中の一本をはじいた。そうして、昔のロシア軍（第一次大戦当時のことを指すのであろう）は、中央を衝《つ》けば、両翼の部隊は、蜘蛛《くも》の子を散らすように逃げたものだ、なのに、今回は逃げるどころではなく、包囲しても戦う、そのため、すっかり予定が狂ったと述べたのである。ドイツ軍の実情を赤裸々に物語る証言ではあった。ただし、大島は、かかる見聞を得ていながら、東京には、ドイツ軍の勝利は確実、戦争は早期に終わるという内容の報告を繰り返し送っている。

とはいえ、大島がドイツびいきであることは、もう周知の事実となっていたから、「駐独ドイツ大使」のいうことを鵜《う》呑《の》みにするものはいなかった。参謀本部ロシア課を中心に、細心の注意を払って情報を分析した結果、極東ソ連軍の西送は予想外に少なく、対ソ戦の実現はおぼつかないことがあきらかになってきたのだ。
加えて、大島以外の情報源から、ドイツ軍の進撃が停滞しはじめたという報告も入ってお
り、陸軍においても、積極攻勢論は弱まり、逆の懸念が頭をもたげてきた。極東ソ連軍が、
日本軍の集結を攻撃準備と判断し（その通りではあったが）、先制攻撃をしかけてくるのでは
ないかと恐れるものが増えてきたのである。
このような状況のもと、笑えぬ喜劇が突発した。八月二日、関東軍から、東部国境方面の
ソ連軍が無線封止を実行中という報《しら》せが入ってきたのだ。すわ、攻勢準備のための企図秘匿
措置かと緊張する参謀本部に、続いて、関東軍司令官梅津《うめづ》美治郎《よしじろう》大将より「ソ連軍の大挙空
襲ある場合には中央に連絡するが、好機を失うおそれのあるときは独断ソ連領内に航空進攻
あることを予期する。あらかじめ承認をこう」との電報が送られてくる。
とうとう日ソ戦争勃発《ぼっぱつ》か。一触即発の事態になったとみた杉山参謀総長は、急ぎ「反撃は
国境内にとどめることを原則とする。中央は関東軍が慎重な行動をとられることを期待して
いる」と訓電した。
ところが……やがて、ソ連軍の無線封止など、現実にはなかったことが判明する。デリン
ジャー現象、電離層に発生した異常による通信障害だったのだ。まったく茶番ではあったが、
対ソ戦一歩手前までいった陸軍としては、笑ってなどいられない。八月三日、参謀本部は、

陸軍省と協議の上、ソ連が侵攻してきた場合には、機を逸せず応戦し、開戦を決意するとの方針が定められた。これは、八月六日の大本営政府連絡会議でも、「日ソ間の現情勢に対し帝国の採るべき措置に関する件」として、認められている。

しかし、結局のところ、陸軍が予想、あるいは期待したかたちでの日ソ戦争は生じなかった。八月上旬になると、一九四一年中に対ソ戦を実行することはおぼつかないとの観測が多数派となったばかりか、アメリカとの関係が悪化してきたから、北進などはとうてい実行し得ない状況になってきたのである。いうまでもなく、南でいくさを起こすなら、北は静謐《せいひつ》を保っておかなければならない。

かくて、日ソ戦争はひとまず未発に終わった。ただし、「関特演」の大動員によって得られた人員や物資が、のちの南方侵攻軍の基盤になっていることは、頭にとどめておく必要があろう。

排除された松岡

さて、ここで、太平洋に視点を移し、時計の針を少しばかり戻してみる。

六月二十一日、「日米諒解案」に対する松岡の回答を受けて、ハル国務長官がアメリカの修正案を渡してきた。この案は、三国同盟が規定する武力援助問題や日中和平問題などについての日米の対立を露呈したものだったが、より挑発的だったのは、付随するオーラル・ステートメント、口上書のほうである。そのなかで、ハルは、ナチス・ドイツを支持する指導者が日本側にいるかぎり、交渉進展は望めないとして、暗に松岡洋右の退陣を求めたのだった。

これを受けた松岡が怒髪天《どはってん》を衝いたのも無理はない。交渉相手国の外務大臣が意に染まないから更迭しろなどというのは、内政干渉以外の何物でもないからだ。松岡は、アメリカは日本を「弱国属国扱いにしている」と激怒し、近衛首相に交渉打ち切りを進言した。

さりながら、松岡は、欧州歴訪からの帰国以来、奇矯《ききょう》な言動で、総理や陸海軍はおろか、昭和天皇の信任までも失っていた。しかも、独ソ開戦以来の自暴自棄とさえ思われる主張によって、彼の勢威はますます衰えている。

ゆえに、松岡を解任せよとの声が、政府と陸海軍のあいだで高くなったものの、過剰な雄弁と大衆的な人気を誇る彼の首に鈴をつけるものがいない。が、七月に入って、松岡は致命的なことをしでかした。十四日になって、アメリカの修正案に対する日本側の対案ができたのだが、松岡は、ハルの無礼千万な口上書を拒否せよとの訓電と同時に、これを発電すべきだと強情を張った。さらに、近衛や外務省側近たちの反対を押し切って、まず、激烈な内容の訓電のみを送らせてしまったのである。

第三次近衛内閣。第二次内閣から外相のみ交代した

それればかりか、日本側の対案を、当の相手国であるアメリカに送る前に、ドイツ大使館に内示すべく画策していたというのだから、近衛としても堪忍袋の緒が切れた。

七月十五日、近衛は、平沼騏一郎《ひらぬまきいちろう》内務大臣、東條陸相、及川海相と協議した。この席で、東條は「外相を罷免《ひめん》することは、種々悪影響があり、なんとかして協調していきたいと、おおいに努力してきたが、今となってはもう駄目だ。この際は外相の更迭か、内閣の総辞職か、いずれかを断行するほかない」と発言、他のものも異口同音に賛成した。

とはいえ、松岡一人を辞めさせると、ハルの口上書に屈して外務大臣を解任したとの印象を与えるから、戦時体制の強化という名目で内閣総辞職する。しかるのちに、新外相を迎え、それ以外の大臣は従来のままで、第三次近衛内閣をスタートさせればよいと、衆議一決した。

七月十六日午後六時半、臨時閣議が招集され、内閣総辞職が告げられた。その場にいた閣僚たちからは辞表がとりまとめられたが、肝心の松岡が病気であるとして欠席している。そこで、内閣書記官長が私邸を訪ね、辞表提出を要求したところ、松岡は不満だと抵抗した。が、事ここに及んでは、松岡の弁舌を以《もっ》てしても逆転は望めない。天才として外務省に迎えられた松岡洋右は、虎穴に入りながら、虎児を得られぬまま、政治の表舞台を去っていくのであった。

対米戦を決定づけた一挙

さて、こうして日米諒解の流れに一人逆らうかたちになっていた松岡が排除され、太平洋の戦雲は、にわかに払われることになっただろうか。遺憾ながら、そうではなかった。結果からいうならば、日本が南部仏印への兵力進駐を実行したために、アメリカは決定的に態度を硬化させ、戦争は不可避となってしまったのだ。

なんとも奇妙なことだった。そもそも、一九四一（昭和十六）年四月十七日に陸海軍合意の上で採用されることになった「対南方施策要綱」には、タイや仏印、蘭印については、緊密な経済関係を確立するとあり、武力行使も、英米やオランダが対日禁輸をなしたり、アメリカが単独もしくはイギリス、オランダ、中国などと結んで、日本の国防を脅かした場合のみと定められていたのである。それが何故、南部仏印進駐に政策を転じ、ひいてはアメリカとの対決を招いてしまったのだろうか。

理由は、やはり資源であった。日本は、米や錫《すず》、ゴムといった、多岐にわたる物資の供給を確保すべく、蘭印・仏印と交渉を重ねていたが、その成果ははかばかしくなかった。仏印に関していえば、一九四一年五月に結ばれた経済協定によって、一月あたり十万トンの米を日本に輸出することになっていたのに、六月には五万トンに減量すると通告してきた。日本側が、この申し出をやむなく了承すると、七月と八月の輸出量も半分にしてくれと言い出す始末である。ほかの物資についても同様で、戦略的に重要な物資である錫やマンガンについても、輸出削減を言い出してきていた。

一方、前年九月に開始された蘭印との交渉も、すでに半年余りを経過していたにもかかわらず、まったく改善の気配はみられなかった。蘭印は、本国オランダの敵であるドイツと結んだ日本に好意的ではなく、石油、ゴム、錫といった戦略物資の輸出を要求されても、これを最小限にとどめるべく、粘りに粘っていた。たまりかねた外務省は、六月十一日に交渉にあたっていた特使を引き上げ、いわゆる日蘭会商は決裂する。

こうなると、資源地帯仏印を押さえ、日本の基地としなければ、先は危ういとする主張が、陸海軍のなかで台頭してくる。六月十一日、陸海軍首脳部は、政府と統帥部の連絡懇談会に、「南方施策促進に関する件」を提出した。この案は、仏印との軍事的結合を求め、それを実現するために、必要な外交を行いつつ進駐を準備、もし仏印が抵抗するなら、武力に訴えるとしていたのだ。されど、より重要なのは、第三項である。もし、英米やオランダから妨害を受け、「日本として自存自衛上忍び得ざるに至りたる場合には、対米英戦を賭《と》するも辞せず」という文言が、そこには記されていたのだった。

大胆かつ強硬な姿勢といえたが、実は、陸海軍当局は、この時点では、必ずしも対米戦争の覚悟を決めていたわけではない。実際、彼らの議論を子細にみていくと、南部仏印ぐらいのことで米英が出てくるはずがないと、信じて疑っていないことがわかる。

では、どうして、こんな過激なことを言い出したかというと、当時の松岡外相が、南部仏印どころか、シンガポールを攻略せよとの超強硬論を唱えていたため、これを抑える必要上、レトリックとして用いたにすぎなかった。もっとも、国策を議論するための文書に、国内説得用の作文を盛り込むあたり、昭和陸海軍の退廃であるという批判はまぬがれないであろうが。

ともあれ、この「南方施策促進に関する件」をきっかけに、大本営政府連絡懇談会では、南部仏印進駐問題が議論されることになる。大反対したのは、やはり松岡であった。とくに独ソ開戦後、北進論者に転じた松岡は、南進はしばらく中止すべしと論じて譲らない。その際、彼は、的確でもあり、同時に不気味でもある警告を発していた。筆者は、ここまでの叙述で、松岡の言動に強い批判を加えてきたが、この六月三十日の連絡懇談会での発言に関しては唸《うな》らざるを得ない。彼は、「南に手を付ければ大事に至ることを予言する」と、居並ぶ政府と陸海軍の首脳に告げたのである。

だが、松岡の反対は聞き入れられず、連絡懇談会は「南方施策促進に関する件」を採択、七月二日に御前会議で決定された「情勢の推移に伴う帝国国策要綱」にも、南方進出の態勢を固めること、そのためには対米英戦も辞さずという文章になって反映された。

この決定を受けて、七月十四日、ヴィシー・フランス（一九四〇（昭和十五）年の降伏後、南仏につくられた親独フランス政権）駐在の加藤外松《かとうそとまつ》大使が交渉を開始した。東京に駐在するアンリ大使は、連合国側の味方になったシャルル・ド＝ゴールの自由フランス政権に近いと目されていたため、彼を外したほうが成果が期待できると推測されたのである。この交渉については、米英がヴィシー・フランスに受諾しないよう働きかけたり、ヴィシー政権がドイツに助力を申し出たりと、さまざまな駆け引きがなされ、興味深い展開がみられたのだけれど、ここでは割愛する。

七月二十一日、ヴィシー・フランスは若干の条件を付けながらも、日本の要求を受諾、二十三日には現地仏印でも進駐に関する細目協定が成立した。かくて、二十八日、飯田《いいだ》祥二郎《しょうじろう》中将を司令官とする第二五軍が、北部仏印のときとは異なり、一発の弾丸を撃つこともなく、南部仏印に平和裡《り》に進駐したのである。陸海軍の首脳部は、ほっと胸をなで下ろした。一滴の血も流さず、資源地帯を押さえることができたし、このぐらいならアメリカも黙認するであろう。これで一息ついて、態勢を立て直すことができる……。

あにはからんや、日本軍部の楽観は、あっという間に吹き飛んでしまった。

南部仏印進駐の報を聞いた米国務省は、間髪《かんはつ》いれずに、日本の南部仏印進駐は「征服行動」であるとする声明を出し、有力新聞社ならびに通信社に通達したのだ。それでも、日本政府や軍部は、アメリカの非難も言葉だけのこと、具体的な行動には出まいと、たかをくくっていた。なれど、アメリカは、数日のうちに、日本側が予想だにしていなかった、厳しい措置を打ち出してくる。

七月二十六日には在米日本資産の凍結令。八月一日には、対日石油禁輸。

とくに後者は、日本ののど元に剣の切っ先を突きつけるにひとしい決定だった。石油が輸入できなければ、世界第三位の連合艦隊も、いずれは動かなくなり、戦争によってアメリカに一矢報いることも不可能になる。いや、それ以前に、日本経済は破局を迎えるであろう。

筆者は、先に、民主主義アメリカの宿敵であるナチズムのドイツと軍事同盟を結んだことにより、日本は、ポイント・オヴ・ノー・リターンを越え、後戻りができなくなったと論じた。それだけでも取り返しのつかぬことであったのに、アメリカは出てこないという、根拠のない観測に基づいて、軽率に行われた南部仏印進駐により、もはや戦争は不可避となってしまったのだ。

これより先、当時の駐日アメリカ大使であったジョゼフ・グルーが、後年嘆いたごとく、「報復とこれに対する反撃行為との悪循環がはじまった」のである。ちなみに、グルーは、この評言のあとに、「地獄への道をたどるのは容易だ」と付け加えている。

奈落の底へ

いずれにせよ、石油禁輸措置を受けた陸海軍にあっては、対米戦やむなしとする議論が、みるみる力を得てきた。七月三十一日、宮中に参内した永野軍令部総長が、この際打って出るほかなしと上奏したのも、その一例であろう。ところが、勝つとはいうが、日本海海戦《にほんかいかいせん》のような大勝利は困難ではないかとのご下問を受けた永野は、「日本海海戦のごとき大勝はもちろん、勝ちうるや否やもおぼつかなし」と答え、捨て鉢の戦争をするということかと、昭和天皇を呆れさせたのである。

この永野の奉答に象徴されるように、陸海軍ともに対米戦など自信はなかったのだけれど、南部仏印進駐が招いた事態に狼狽《ろうばい》したあげく、このままではじり貧だという危機感にさいなまれ、戦争への道を突き進んでいるのだった。八月八日の大本営陸軍部戦争指導班の機密戦争日誌には、そうしたジレンマをあらわす、悲痛な記述がある。

「戦争せず、しかも屈服もせず、打開の道なきや、皇国の面子《メンツ》を損ぜずして一時的に妥協し、日米開戦の発生をなるべく遅からしむる方策案なきや……」。

かかる事態に直面しては、近衛ももう逃げてはいられなくなった。八月四日、とにかく日米交渉を再開しようとの決議をなした連絡会議のあと、近衛は、東條陸相と及川海相を自邸に招いて、重大決意を打ち明けた。自らアメリカに乗り込み、ローズヴェルト大統領と直接会見して、日米和解をもたらしたいとしたのである。

海軍の賛成と、陸軍の条件付き同意（同格の大統領以外、たとえばハル国務長官などを相手にするのであれば、会談を拒否することと、会見が失敗しても辞職したりしないことを約束させていた）を得た近衛は、野村駐米大使を通じて、ローズヴェルト大統領に打診させた。反応は悪くない。大統領からは、会見場所はアラスカのジュノー、時期は十月中旬といった示唆もなされた。気をよくした近衛は、八月二十八日、日米両国のあいだに存在する諸問題を大所高所から討議する頂上会談を持ちたいとする正式の申し入れ、「近衛メッセージ」をローズヴエルトに送る。

かかる試みがうまくいけば、太平洋が、その名と裏腹の、流血の大洋となることはなかっただろう。しかし、遅々たる歩みしか示さぬ外交交渉にしびれを切らした陸海軍は、日米交渉に期限をつけ、それまでに成果が得られなかったら、武力に訴えるという方針に傾きつつあった。

九月三日、陸海軍は、「帝国国策遂行要領」という文書を、政府との連絡会議に提出した。この案により、外交交渉に具体的な期限が切られたことは注目に値するだろう。すなわち、同案は、十月下旬までに対米（英蘭）戦争の準備を完了、それと並行して、外交交渉による対米要求貫徹に努力するも、十月上旬ごろになっても妥結の見込みがない場合は、ただちに対米（英蘭）戦争を決意することを主張していたのである。

頂上会談による日米和解を夢見る近衛にとっては、後ろから刺されたようなものだったろう。が、陸海軍の言い分にも理由がないわけではなかった。蘭印やシンガポール、フィリピンを攻略するためには、大規模な上陸作戦を実行しなければならない。けれども、それができるのは、季節風などの関係から十二月を限度とする。その時期をすぎてしまえば、翌年四月ごろまで、上陸作戦は困難になる。この前提から逆算するなら、十月中には戦争準備と開戦決意を定めておかねばならないのだった。

ゆえに、「帝国国策遂行要領」は、連絡会議の認可を得て、九月六日に御前会議にあげられることになった。かかる経過に、昭和天皇の憂慮は深まるばかりだった。

「帝国国策遂行要領」案に、外交よりも軍事優先の主張が隠されていることを見抜いた天皇は、御前会議前日の五日、杉山参謀総長と永野軍令部総長を召致し、説明を求めた。有名なやりとりがあったのは、このときである。開戦の場合には、南洋方面は三か月で片付けると豪語した杉山に、天皇は、日中開戦当時陸軍大臣だった汝《なんじ》は、一か月ぐらいで片付くとしたが、四か年を経たのちも片付かぬではないかと反問したのだ。困惑した杉山は、中国は奥地が開けていて、予定通り作戦できなかったと釈明したものの、中国の奥地が広いというなら、太平洋はもっと広いではないか、いかなる確信があって、三か月というのかと、さらに切り込まれ、絶句してしまった。

とはいえ、杉山・永野の両総長は、口頭で外交に重きを置くと言ったのみで、文書案には何の修正もほどこさない。そのまま、翌日の御前会議を迎えた陸海軍大臣、両総長は、口々に主戦論を唱えた。かかる事態に、昭和天皇は、非常の手段に訴えた。実は、御前会議では、天皇は発言してはならないというならわしになっていたのだが、敢えて口を開き、外交を優先すべきだという意味のことを話すや、明治天皇の御製《ぎょせい》を読み上げた。

四方《よも》の海みなはらからと思ふ世に　など波風のたちさわぐらむ

この歌の意味することがわからぬものは、誰もいなかった。天皇の意思は平和だったのである。

ために、陸海軍首脳部も恐懼《きょうく》し、外交による解決論が力を得たかにみえたのだが、東京のプラスは、ワシントンのマイナスで打ち消されることになる。十月二日、もともと近衛・ローズヴェルト会談に懐疑的だった国務長官ハルよりの覚書が届いた。それは、首脳会談が失敗したら取り返しがつかないからという理由で、事前に日米間の懸案を詰めておくことを提案していた。そのなかには、中国および仏印からの撤退という、日本陸軍にしてみれば認められるはずもない要求も含まれていたのだ。

それでもなお、近衛は日米交渉に固執する。一方、東條陸軍大臣は、天皇が反対をほのめかしたにもかかわらず、九月六日の御前会議で決定された「帝国国策遂行要領」、すなわち、日米交渉が妥結しなかった場合には戦争を行うという方針を守るべきだと主張した。

近衛と東條の対立は激化する一方であった。十月十四日、東條は、鈴木《すずき》貞一《ていいち》企画院総裁を使者として近衛の私邸に差し向け、辞職を勧告させるに至る。実力派陸軍大臣に最後通牒《つうちょう》を突きつけられては、近衛もあきらめるほかない。十六日、近衛は、昭和天皇に辞表を奉呈した。この日、東條は、対米開戦が決まったと確信したにちがいない。

しかし、後継総理として白羽の矢を立てられたのは、意外なことに東條自身であった。この人事を昭和天皇に献策したのは木戸幸一内大臣で、いちかばちか、東條に交渉継続を言い含めて、首相に起用すれば、逆に主戦派を抑える効果を発揮するかもしれないという発想だった。

事実、組閣の大命を受けると同時に、九月六日の御前会議決定に拘泥《こうでい》することなく、内外の情勢を検討せよという内容の天皇の意思を伝えられた東條は、それまでの立場をひるがえし、日米諒解のために全力をつくす。東條にとって、天皇は絶対だったのである。

けれども、情勢は、東條一人の回心では、とうてい押しとどめられないところまで来ていた。開戦を唱える陸海軍の圧力は日に日に強くなり、十一月五日の御前会議で決まった、新しい「帝国国策遂行要領」は、十一月末までに交渉が成功しない場合は、十二月初めに武力発動に移ると定めていたのである。

さりながら、東條は、この最終期限までの日米交渉に希望をかけ、必死に取り組んだ。野村大使の補佐として、老巧な来栖《くるす》三郎《さぶろう》大使をワシントンに派遣したのも、その表れであろう。

なれど、アメリカは、すでに独伊同様、日本に対しても戦争を辞さぬ決意を固めていた。十一月二十七日、有名な「ハル・ノート」が、野村・来栖両大使に手交される。これは、中国

東條英機内閣。東條は組閣時、首相、内相、陸相を兼任していた

全土からの日本軍撤退や蔣介石政権を正統政府として認めることなど、日本には受け入れられぬ条件を突きつけてきたもので、事実上の宣戦布告にひとしかった。

よって、平和の選択肢は消え去った。十二月一日、御前会議において、対米英蘭開戦が決定される。これに先立ち、日本側は、陸軍参謀本部第二（情報）部長の岡本清福《おかもときよとみ》少将や大島駐独大使を通じ、同盟国ドイツに、日米開戦の際には、参戦し、ともに戦ってくれるかという点について、打診がなされていた。

これに対し、ヒトラーやリッベントロップは、二つ返事で、好意的な回答をよこしてきた。むろん、信義や友誼《ゆうぎ》からではない。この当時、アメリカは、ドイツに対しても圧迫をつよめ、対英援助物資を運ぶ船舶の護衛のために、海軍の軍艦を投入していた。その結果、通商破壊戦を遂行中のUボートとアメリカ艦船が交戦するという事件が、しばしば起こるほどだった。従って、ヒトラーは、独米開戦は時間の問題だと考えざるを得なくなっていたのである。

他方、対ソ戦を年内に決着させられないことも明白になっていた。首都モスクワを奪取し、スターリン体制をくつがえそうとする試みも、ソ連軍の激烈な抵抗により、失敗に終わっている（十二月五日、モスクワ前面でソ連軍、反攻作戦を開始）。

だが、ロシア人を「劣等人種《ウンターメンシュ》」と侮蔑《ぶべつ》し、ドイツ国防軍の優越を確信するヒトラーは、翌一九四二（昭和十七）年に攻勢を再開すれば、必ず、ソ連を崩壊させられると考えていた。なれど、その間に、米英が大西洋《たいせいよう》で攻撃してくるのは間違いない。彼ら、アングロサクソンの兵力を、誰かが引き受けてくれないか……。

そう思っていたヒトラーにしてみれば、日本が対米英戦争を開始し、極東に米英の戦力をひきつけてくれるのは、願ってもないことなのだった。

かつて、日本は、ドイツのエゴイズムのままに振り回されながら、唯々諾々と三国同盟を結んでしまった。にもかかわらず、日米戦争という、国運を賭した大戦争に突入するにあたっても、再びドイツを頼り、そうと知らぬうちに利用されようとしているのだった。

一九四一年十二月八日、日本は真珠《しんじゅ》湾を攻撃、同時に南方作戦を開始した。

東プロイセンの総統大本営にあって、その第一報を聞いたヒトラーは、喜びのあまり両手で膝《ひざ》を叩《たた》き、周囲のものに、新しい世界情勢を熱狂的に解説したという。

この日、亡国の同盟は、亡国の戦争へと変じたのであった。

あとがき

もう十年以上前になるだろうか。当時の筆者は、ミステリ作家「赤城毅《あかぎつよし》」として、もっぱらフィクションの分野で活動していた。とはいえ、筆者が歴史学・国際政治学のアカデミック・キャリアを持っていて、戦前戦中の日独関係をテーマとする学術論文を発表していたこと、中央公論社が出していた歴史雑誌『歴史と人物』の編集に携わり、昭和史の当事者多数の証言を聞く機会を得ていたことを知る編集者は何人かいた。PHP研究所の編集者大久保《おおくぼ》龍也《たつや》氏もその一人である。

大久保氏は、日米開戦への道は複雑怪奇で、なかなかわかりにくいが、その過程での重要なファクターである日独関係に視座を据えて、ノンフィクションを書いてみないかと勧めてくれた。あなたは小説家でもあるのだから、読みやすい歴史物語として描きだすことができるだろうというのが、彼のとどめの一撃《クー・ド・グラース》であった。

そうして、本書の前身である『亡国の本質　日本はなぜ敗戦必至の戦争に突入したのか』

われたのか、さほど注目もされず、やがて書店から消えていった。

ところが、歴史や国際関係の研究者とお話ししていると、思いだしたように、この『亡国の本質』に言及されるのだった。かぎられた分量であるにもかかわらず、日本が必敗の戦争に突入するまでの流れがすっと頭に入ってくると過分のお褒めをいただいたこともあった。また、学術書の参考文献に挙げられたりもしている。

非常に有難いことで、もしそうした需要があるのなら、増補改訂版を出せるとよいのだがと考えていたところ、角川新書の岸山征寛《きしやまゆきひろ》編集長より、では、書名をより直截《ちょくせつ》な『日独伊三国同盟』として、手に取りやすい新書で再刊するのはどうだろうとのご提案をいただいた。筆者としては、もちろん否やはない。かくて、この間の研究の進展を反映し、全面的に加筆・改稿したかたちで本書が刊行される運びとなったわけである。

こうした経緯から来たるところで、本書は、現在の筆者のスタイルに比べて、分析よりもだいぶ叙述に寄っているし、文体も饒舌《じょうぜつ》であるかと思う。ただし、史実に忠実に論じるという大原則はむろん守っているし、いわゆる舞文曲筆《ぶぶんきょくひつ》ではけっしてないから、大元はPHP版（PHP研究所、二〇一〇年）の上梓《じょうし》に至ったものの、ミステリ作家が妙なものを書いたと思と敢《あ》えて変えていないことをお断りしておく。

最後になったが、本書の誕生と成長に大きな助力をいただいた二人の編集者、大久保龍也氏と岸山征寛氏に心から感謝したい。

二〇二一年九月

大木《おおき》 毅《たけし》

主要参考文献

本書のテーマに関わる文献は膨大な数に上るため、紙幅の制限上、網羅的な記載は断念し、基本的な史資料、また本文で引用したもののみを記した。

【刊行史料・史料集】

・伊藤隆編『高木惣吉　日記と情報』、上下巻、みすず書房、二〇〇〇年。
・宇垣纏『戦藻録』、原書房、一九六八年。
・外務省編『日本外交年表竝主要文書』、全二巻、日本国際連合協会、一九五五年。
・外務省編纂『日本外交文書　第二次欧州大戦と日本　第一冊　日独伊三国同盟・日ソ中立条約』、六一書房、二〇一二年。
・木戸幸一『木戸幸一日記』、全二巻、東京大学出版会、一九六六年。
・軍事史学会編『大本営陸軍部戦争指導班　機密戦争日誌』、上下巻、錦正社、一九九八年。
・軍事史学会編、黒澤文貴・相澤淳監修『海軍大将嶋田繁太郎備忘録・日記Ⅰ　備忘録第一～第五』、錦正社、二〇一七年。
・軍事史学会編、黒澤文貴・相澤淳監修『海軍大将嶋田繁太郎備忘録・日記Ⅲ　日記昭和十五年　昭和十六年　昭和二十一年・二十二年　昭和二十二年・二十三年』、錦正社、二〇二〇年。
・参謀本部編『杉山メモ』、普及版、上下巻、原書房、一九八九年。

・尚友倶楽部原田熊雄関係文書編纂委員会編『原田熊雄関係文書』、同成社、二〇二〇年。
・『昭和天皇独白録　寺崎英成御用掛日記』、文藝春秋、一九九一年。
・高木惣吉写、実松譲編『海軍大将米内光政覚書』、光人社、一九七八年。
・高松宮宣仁親王『高松宮日記』、全八巻、中央公論社、一九九五～九七年。
・角田順編『現代史資料　10　日中戦争　3』、みすず書房、一九六三年。
・原田熊雄述『西園寺公と政局』、全八巻・別巻一、岩波書店、一九五〇～五六年。
・防衛庁防衛研究所戦史部監修、中尾裕次編『昭和天皇発言記録集成』、上下巻、芙蓉書房出版、二〇〇三年。

【レファレンス・ブック類】

・戸高一成／秦郁彦／半藤一利／横山敬一『歴代海軍大将全覧』、中公新書ラクレ、二〇〇五年。
・秦郁彦編『日本官僚制総合事典』、東京大学出版会、二〇〇一年。
・同　『日本陸海軍総合事典〔第2版〕』、東京大学出版会、二〇〇五年。
・秦郁彦／原剛／半藤一利／横山敬一『歴代陸軍大将全覧』、全四巻、中公新書ラクレ、二〇〇九～一〇年。
・百瀬孝『事典　昭和戦前期の日本　制度と実態』、伊藤隆監修、吉川弘文館、一九九〇年。

【伝記、自伝、回想録、手記】

・石川信吾『真珠湾までの経緯　開戦の真相』、時事通信社、一九六〇年。
・井上成美伝記刊行会『井上成美』、井上成美伝記刊行会、一九八二年。
・緒方竹虎『一軍人の生涯』、新版、光和堂、一九八三年（初版は、文藝春秋新社、一九五五年）。

・小幡西吉伝記刊行会編『小幡西吉』、私家版、一九五七年。
・加瀬俊一『日本外交の主役たち』、文藝春秋、一九七四年。
・賀屋興宣『戦前・戦後八十年』、経済往来社、一九七六年。
・宮内庁『昭和天皇実録』、第七～第九巻、東京書籍、二〇一六年。
・近衛文麿『失われし政治——近衛文麿公の手記』、朝日新聞社、一九四六年。
・同『平和への努力——近衛文麿手記』、日本電報通信社、一九四六年。
・実松譲『提督吉田善吾』、光人社、一九七九年。
・新名丈夫編『海軍戦争検討会議記録　太平洋戦争開戦の経緯』、毎日新聞社、一九七六年。
・水交会編『回想の日本海軍』、原書房、一九八五年。
・鈴木健二『駐独大使　大島浩』、芙蓉書房、一九七九年。
・高木惣吉『山本五十六と米内光政』、文藝春秋新社、一九五〇年。
・高田万亀子『静かなる楯・米内光政』、上下巻、原書房、一九九〇年。
・秦郁彦『昭和史の軍人たち』、文藝春秋、一九八二年。
・松岡洋右伝記刊行会編『松岡洋右——その人と生涯』、講談社、一九七四年。
・三輪公忠『松岡洋右』、中公新書、一九七一年。
・武者小路公共『外交裏小路』、講談社、一九五二年。
・渡邊行男『宇垣一成　政軍関係の確執』、中公新書、一九九三年。
・Kordt, Erich, *Wahn und Wirklichkeit*, Stuttgart, 1947.
・Ditto, *Nicht aus den Akten...*, Stuttgart, 1950.
・Ribbentrop, Joachim von, *Zwischen London und Moskau*, Leoni, 1954.

・Schmidt, Paul, *Statist auf diplomatischer Bühne*, Bonn, 1950. パウル・シュミット、長野明訳『外交舞台の脇役』、日本図書刊行会、一九九八年。

【研究書、ノンフィクション】

・相澤淳『海軍の選択――再考　真珠湾への道』、中央公論新社、二〇〇二年。
・麻田貞雄『両大戦間の日米関係　海軍と政策決定過程』、東京大学出版会、一九九三年。
・石田憲『日独伊三国同盟の起源　イタリア・日本から見た枢軸外交』、講談社選書メチエ、二〇一三年。
・伊藤正徳『軍閥興亡史』、全三巻、光人社NF文庫、一九九八年。
・足立邦夫『臣下の大戦』、新潮社、一九九五年。
・大江志乃夫『御前会議　昭和天皇十五回の聖断』、中公新書、一九九一年。
・大木毅『ドイツ軍事史――その虚像と実像』、作品社、二〇一六年。
・同　『第二次大戦の〈分岐点〉』、作品社、二〇一六年。
・太田久元『戦間期の日本海軍と統帥権』、吉川弘文館、二〇一七年。
・笠原十九司『海軍の日中戦争　アジア太平洋戦争への自滅のシナリオ』、平凡社、二〇一五年。
・工藤章・田嶋信雄共編『日独関係史　一八九〇―一九四五Ⅱ』、東京大学出版会、二〇〇八年。
・同　『ドイツと東アジア　一八九〇―一九四五』、東京大学出版会、二〇一七年。
・佐藤元英『外務官僚たちの太平洋戦争』、NHK出版、二〇一五年。
・田嶋信雄『ナチズム極東戦略』、講談社選書メチエ、一九九七年。
・同　『ナチス・ドイツと中国国民政府　一九三三―一九三七』、東京大学出版会、二〇一三年。
・同　『日本陸軍の対ソ謀略　日独防共協定とユーラシア政策』、吉川弘文館、二〇一七年。

・綱川政則『ヒトラーとミュンヘン協定』、教育社歴史新書、一九七九年。
・手嶋泰伸『昭和戦時期の海軍と政治』、吉川弘文館、二〇一三年。
・同『海軍将校たちの太平洋戦争』、吉川弘文館、二〇一四年。
・同『日本海軍と政治』、講談社現代新書、二〇一五年。
・日本国際政治学会太平洋戦争原因研究部編著『太平洋戦争への道　開戦外交史』、新装版、全八巻、朝日新聞社、一九八七～八八年。
・服部聡『松岡外交　日米開戦をめぐる国内要因と国際関係』、千倉書房、二〇一二年。
・同『松岡洋右と日米開戦　大衆政治家の功と罪』、吉川弘文館、二〇二〇年。
・三宅正樹『日独伊三国同盟の研究』、南窓社、一九七五年。
・同『ヒトラーと第二次世界大戦』、清水新書、一九八四年。
・同『スターリン、ヒトラーと日ソ独伊連合構想』、朝日選書、二〇〇七年。
・同『近代ユーラシア外交史論集　日露独中の接近と抗争』、千倉書房、二〇一五年。
・森山優『日本はなぜ開戦に踏み切ったか――「両論併記」と「非決定」』、新潮社、二〇一二年。
・読売新聞社編『昭和史の天皇』、第二〇～第二五巻、読売新聞社、一九七二～七四年。
・渡辺延志『虚妄の三国同盟――発掘・日米開戦前夜外交秘史』、岩波書店、二〇一三年。
・Boyd, Carl, *The Extraordinary Envoy : General Hiroshi Oshima and Diplomacy in the Third Reich, 1934-1939*, Washington, D.C., 1980.
・Sommer, Theo, *Deutschland und Japan zwischen den Mächten 1935-1940*, Tübingen, 1962. テオ・ゾンマー『ナチスドイツと軍国日本』、金森誠也訳、時事通信社、一九六四年。
・Weinberg, Gerhard L., *Germany and the Soviet Union, 1939-1941*, Leiden, 1954.

地図　本島一宏
写真　近現代フォトライブラリー
（一五七、一六一、一八五、二〇七、
二三七、二四九頁）
毎日新聞社
（六三、一一三頁）

本書は二〇一〇年十月にPHP研究所より刊行された『亡国の本質 日本はなぜ敗戦必至の戦争に突入したのか』を改題の上、この間の研究の進展を反映し、全面的に加筆・修正したものです。

大木　毅（おおき・たけし）
現代史家。1961年東京生まれ。立教大学大学院博士後期課程単位取得退学。DAAD（ドイツ学術交流会）奨学生としてボン大学に留学。千葉大学その他の非常勤講師、防衛省防衛研究所講師、国立昭和館運営専門委員、陸上自衛隊幹部学校（現陸上自衛隊教育訓練研究本部）講師等を経て、現在著述業。雑誌『歴史と人物』（中央公論社）の編集に携わり、多くの旧帝国軍人の将校・下士官兵らに取材し、証言を聞いてきた。『独ソ戦』（岩波新書）で新書大賞2020大賞を受賞。著書に『「砂漠の狐」ロンメル』『戦車将軍グデーリアン』『「太平洋の巨鷲」山本五十六』（以上、角川新書）、『ドイツ軍攻防史』（作品社）、訳書に『「砂漠の狐」回想録』『マンシュタイン元帥自伝』『ドイツ国防軍冬季戦必携教本』『ドイツ装甲部隊史』（以上、作品社）、共著に『帝国軍人』（戸高一成氏との対談、角川新書）など多数。

日《にち》独《どく》伊《い》三《さん》国《ごく》同《どう》盟《めい》

「根拠《こんきょ》なき確信《かくしん》」と「無責任《むせきにん》」の果《は》てに

大木《おおき》　毅《たけし》

2021 年 11 月 10 日　初版発行
2024 年 10 月 20 日　３版発行

◆◇◇

発行者　山下直久
発　行　株式会社KADOKAWA
〒 102-8177　東京都千代田区富士見 2-13-3
電話　0570-002-301（ナビダイヤル）

装 丁 者　緒方修一（ラーフイン・ワークショップ）
ロゴデザイン　good design company
オビデザイン　Zapp!　白金正之
印 刷 所　株式会社KADOKAWA
製 本 所　株式会社KADOKAWA

角川新書

ISBN978-4-04-082383-6 C0221